宁夏珍稀方志丛刊

胡玉冰◇主编

国家社会科学基金项目"宁夏地方文献整理与研究"成果

正統 寧夏志

胡玉冰 孫瑜◇校注

中国社会科学出版社

舊志編纂類型看，有通志7種，分志（州志、縣志）26種。除中國外，日本、美國等也藏有寧夏舊志。日藏數量最多，種類較全，8家藏書機構共藏有13種原版舊志，其中兩種為孤本，主要通過商貿活動與軍事掠奪這兩種方式輸入寧夏舊志。寧夏舊志整理研究工作主要始於20世紀80年代，在文獻著錄、綜合或專題研究、文本整理刊佈等方面取得了一定的成就，① 為寧夏文史研究奠定了資料基礎。但也要實事求是地認識到，隨着各種與寧夏有關的新資料的不斷發現，尤其是多學科研究視角的不斷創新，已有成果中存在的諸多不足越來越明顯。如在文獻著錄時因部分舊志未能目驗，或者學術見解不同，致使著錄內容存在分歧甚至錯誤。研究成果多為概括性、提要式介紹，多角度、多學科深入分析的成果缺乏。整理成果只是部分解決了舊志存在的文字或內容問題，整理方法不規範、質量不高的現象較為突出。學術發展的需要，要求舊志整理要更加規範化，整體質量要進一步提高。整理研究寧夏舊志，需要科學的理論與方法來指導。在充分吸收他人學術經驗的基礎上，通過整理研究實踐工作，我們也形成了一些自己的認識，在此想總結出來，與大家一起探討。

一　整理前的準備工作

整理舊志，前期需要全面了解整理對象，對其編修者、編修經過、主要內容、文本的語言風格、版本傳世情況等要深入研究。規範整理舊志，要以扎實的研究成果為基礎，以便選擇最佳底本，準備合適的參校文獻，制定規範的整理方法。

（一）確定整理對象

為保證舊志整理工作的順利開展，提高工作效率，確定整理對象是正式開始舊志整理前首先要做的，也是必須要做的工作。確定整理對象時，要綜合分析其學術價值、史料價值、傳世情況及今人閱讀理解該對象的困難程度等，一方面要認真通讀原作，另一方面，要同步查檢古今目錄文獻對原作的著錄情況。

---

① 參見胡玉冰《寧夏地方志研究》，附錄三《寧夏舊志整理出版情況一覽表》、附錄四《寧夏舊志及其編纂者研究論文索引》，中國社會科學出版社2012年版，第530頁至542頁。

通讀原作，有助於全面了解志書的内容及其史源、結構體例及其語言特點等情況。對内容及其史源的了解，可以幫助我們確定該志有無整理的必要。如傳世的民國十四年（1925）朱恩昭修纂6卷本《豫旺縣志》一直被學界當作寧夏同心縣重要的地方文獻在利用。實際上，這部舊志是撮抄之作，並非編者獨立編修。編纂者直接把（民國）《朔方道志》中與同心縣前身鎮戎縣有關的内容撮抄出來，參考《朔方道志》的體例，再雜以（光緒）《平遠縣志》的部分内容，把資料匯為一編，取名《豫旺縣志》行世。在明晰了《朔方道志》與《豫旺縣志》的關係後，我們認為沒有必要再整理《豫旺縣志》，只需將《朔方道志》整理出來即可。

對舊志結構體例的了解有助於對舊志存真復原。如天津古籍出版社1988年版《寧夏歷代方志萃編》、海南出版社2001年版《故宫珍本叢刊》等叢書都影印出版了明朝楊壽等纂修的（萬曆）《朔方新志》，所據底本原有補版現象，某些版面的内容重複，特别在卷二有幾處嚴重的錯頁、錯版現象，天津、海南的影印本都未能給予糾正。這些問題若不能發現，整理成果就會出現内容錯亂現象。

每種舊志的編修都有其具體的時代背景，舊志的語言與内容一樣具有時代性，通讀舊志，了解其語言特點，掌握其語言規律，有助於更好地開展標點、分段工作。凡古籍，遣詞造句都有一定的時代風格和特點，只要其内容或文字無誤，就不能按當代行文習慣或理解對原文進行增、删、改等，否則就是替古人寫書。有些舊志語句原本就是通順的，符合特定時代的語言規範，若整理者在原志語句中隨意增加"之""於""以"等字，看似符合當代人的閲讀習慣了，實則畫蛇添足。

同步查檢古今目録文獻對舊志原作的著録情況，將著録内容與通讀舊志時了解的情況相對照，一方面，可以加深對舊志基本情況的了解，使得對舊志的了解更具條理性。另一方面，可以驗證著録是否準確，糾正存在的問題，以求對舊志基本信息的了解更符合實際。如朱栴編修的《寧夏志》，明朝周弘祖編《古今書刻》上編中就有著録，這是目録學著作中最早著録《寧夏志》的。張維1932年編《隴右方志録》時，據（乾隆）《寧夏府志》所載内容著録《寧夏志》，由於他未經眼《寧夏志》，以為該書已佚，故著録其為佚書，且將書名誤著録為《永樂寧夏志》，《寧夏地方志存佚目録》《稀見地方志提要》等，都沿襲了張維的錯誤。較早披露日藏《寧夏志》信息的是《日本主要圖書館研究所所藏中國地方志總合目錄》，但將"朱㭎"誤作"朱㭀"。《中國地方志聯合目錄》《寧夏地方文獻聯合目錄》《甘肅省圖書館藏地方志目錄》《中國地方志總目提要》等對《寧夏志》也作了著錄或提要。其中《中國地方志聯合目錄》以《寧夏志》重刻時間定其書名為《萬曆寧夏志》，巴兆祥《中國地方志流播日本研究》下編《東傳方志總目》沿襲此說。

（二）了解整理對象的研究現狀

確定整理對象，並對其有基本的認識和了解後，還需要梳理、分析整理對象的學術研究現狀，主要包括目錄著錄、研究論著、整理成果等三方面的信息。

1. 目錄著錄

查檢古今目錄的著錄內容，可以對舊志修纂者、卷數、流傳、內容、館藏、版本等情況有基本的了解。對著錄的每一條信息，都要結合原志進行核查，發現問題，一定要深入研究。如《中國地方志聯合目錄》《甘肅省圖書館藏地方志目錄》均著錄了一部（乾隆）《平涼府志》，為"清乾隆間修，光緒增修，抄本"。[①] 此書孤本傳世，原抄本藏於南京圖書館，甘肅省圖書館有傳抄本，筆者在開展陝甘舊志中寧夏史料輯校工作時，最初設想把此志作為重要的參校文獻。國家圖書館出版社 2012 年版《南京圖書館藏稀見方志叢刊》第十五和第十六冊即為《平涼府志》。筆者通過研究發現，古代目錄書中沒有著錄過乾隆時期編修的《平涼府志》，且乾隆以後的平涼各舊志的編纂者也未曾提到過乾隆時期編修《平涼府志》一事，通過對比發現，南圖藏本實際上是撮抄（乾隆）《甘肅通志》中的平涼府部分而成，且成書時間不會早於同治十三年（1874），故其雖為孤本，但無校勘整理價值，所以我們放棄了以此書做參校本的最初設想。

2. 研究論著

充分梳理、分析他人對整理對象的研究成果，一方面，可以使我們清晰地看到學界對整理對象研究的角度及深入程度，避免重複勞動。另一方面，發現已有成果中存在的問題，結合自己的研究糾正這些問題，提高對整理對象的研究水準。如現藏於日本東洋文庫的海內外孤本（光緒）《寧

[①] 中國科學院北京天文臺編：《中國地方志聯合目錄》，中華書局 1985 年版，第 212 頁。

靈廳志草》是研究寧靈廳的一手材料，張京生最早撰文研究，[①] 巴兆祥研究最為詳實，[②] 胡建東、張京生提供了整理文本。[③] 各家整理研究各有優長，部分整理研究成果亦多值得商榷之處。通過研究，我們的結論是：該本係編纂者稿本，正文內容有67頁。是書類目設置上全同《甘肅通志》，撰寫方法及輯錄內容則多同（嘉慶）《靈州志蹟》。因其非定稿，故編修體例、內容、文字等方面尚需進一步完善、充實、修訂，但其在研究寧靈廳歷史、地理、經濟、教育、語言等方面的價值還是應該值得肯定。

3. 整理成果

充分重視研讀已有的整理成果，可以幫助我們了解目前整理所達到的水準，明確重新整理所要達到的目標。如《寧靈廳志草》出版過兩種整理本，通過比較研究，我們發現，兩種整理本在整理體例、整理方式、整理結論等方面都存在缺憾。兩書出現多處標點錯誤，誤識原抄本文字，任意剪接原書內容，變亂原書體例，校勘粗糙，原稿中的多處錯誤未能校出，注釋不嚴謹，出現多處誤注現象，等等。有鑒於此，儘管《志草》已出版了兩種整理本，但我們決定還是要重新整理它。

（三）確定底本，選擇參校本及其他參考文獻

通過查檢目錄著錄，實地開展館藏調查，將目驗的各本進行分析比較，梳理出舊志的版本系統後，最終確定一種為工作底本。原則上，底本當刊刻或抄錄質量較優，內容最全。底本確定後，還要確定一批參校本和他校資料。一般而言，若舊志版本系統不複雜，建議將傳世各本都列為參校本，以最大限度地發現底本中存在的問題，整理出最優的文本。

他校資料的選擇，在通讀舊志時就開始着手進行。整理者可在通讀原本的基礎上，將舊志中明確提到的他書文獻進行梳理，列為基本參考文獻，並在其後的整理實踐中不斷充實、完善。他校資料的確定，有的可以根據舊志本身提供的信息來選擇。如《弘治寧夏新志·凡例》言："宦蹟在前代者據正史，在國朝者序其時之先後而不遺其人，備參考也。"這就

[①] 張京生：《〈寧靈廳志草〉考述》，《圖書館理論與實踐》1992年第1期；《歷史的見證——日本藏清稿本〈寧靈廳志草〉的學術價值探析》，《圖書館理論與實踐》2008年第6期。

[②] 巴兆祥：《日本藏孤本寧夏〈寧靈廳志草〉考述》，《寧夏社會科學》2002年第5期。

[③] 《寧靈廳志草》，寧夏人民出版社2008年版胡建東整理本；陽光出版社2010年版張京生整理本。

提示我們，校勘《弘治寧夏新志》的《人物志》《宦蹟》時，一定要以正史如《史記》《漢書》等為他校材料。《凡例》又說："沿革、赫連、拓跋三《考證》，悉據經史及朱子《通鑒綱目》、本朝《續綱目》摘編。"這提示我們，《弘治寧夏新志》的三卷考證內容，必須要以宋朝朱熹、趙師淵撰《資治通鑒綱目》、明朝商輅撰《續資治通鑒綱目》為基本的對校資料。《凡例》之後的《引用書目》列舉了編修《弘治寧夏新志》所引的42種文獻，基本按引書成書時代排序。這些文獻，只要有傳世，就一定要將其列入參考文獻之中，因為它們都是《弘治寧夏新志》最直接的史料來源。

　　選擇他校資料時，切不可畫地為牢，只關注某一地區，而是要結合一地的地理沿革情況，擴大他校資料的搜集範圍。歷史上，西北地方陝甘寧三地的地緣關係和政治、文化等關係都非常密切。寧夏在明朝隸屬陝西布政使司管轄，在清朝則隸屬甘肅省管轄，成於明清時期的陝西、甘肅地方文獻特別是舊地方志中，散見有非常豐富且重要的寧夏歷史資料。（嘉靖）《陝西通志》、（萬曆）《陝西通志》、（康熙）《陝西通志》等三志是陝西舊通志中寧夏史料最豐富者。（嘉靖）《平涼府志》所載明朝固原州、隆德縣史料非常系統、豐富。（乾隆）《甘肅通志》、（宣統）《甘肅新通志》是甘肅舊通志中寧夏史料最豐富者。上述六種陝甘舊志中的寧夏史料，為明清寧夏舊志編纂提供了最豐富、最系統的基本史料。明清寧夏舊志多因襲陝甘通志的材料和編纂體例。如寧夏（萬曆）《朔方新志》自（嘉靖）《陝西通志》取材，嘉靖、萬曆《固原州志》自（嘉靖）《平涼府志》取材，（光緒）《花馬池志蹟》自（嘉慶）《定邊縣志》取材，（乾隆）《寧夏府志》、（民國）《朔方道志》從體例到內容分別受（乾隆）《甘肅通志》、（宣統）《甘肅新通志》的影響，等等。同時，明清時期的寧夏舊志也是研究陝甘文史、整理陝甘舊志的重要資料，如明朝正德、弘治、嘉靖三朝《寧夏志》成書時間均早於（嘉靖）《陝西通志》，都可為整理後者提供重要的參校資料。所以，整理陝、甘、寧任何一省的舊志，尤其是通志及相鄰地區的舊志，確定他校資料一定要同時關注另外兩省的舊志資料。

　　另外，出土文獻和檔案材料也是重要的他校資料，過去的研究者均未予重視。如慶靖王朱㮵之名，文獻中還出現過"朱栴""朱㮙"等兩種寫法，筆者據出土於寧夏同心縣的《慶王壙志》，結合明清傳世文獻，考證認為，慶王之名當為"朱㭎"而非"朱栴"，更非"朱㫋"。再如，《寧夏府志》卷十三《人物》載，寧夏鄉賢謝王寵"壽七十三卒"，而據寧夏靈武出土的《清通議大夫謝觀齋墓志銘》載，謝王寵生於康熙十年（1671），卒於雍正十一年（1733），享年六十三（虛歲），故可據以改正《寧夏府志》記載的錯誤。

（四）編寫校注說明

校注說明的主要作用有二，一是規範整理方法，二是方便利用整理成果。校注說明要扼要、準確，方法力求易於操作，切忌繁瑣。一篇規範的校注說明是需要反復完善的。舊志正式整理之前，可先據常規的古籍整理規範，就標點、注釋、校勘等工作草擬出基本的校注要求，選擇部分舊志內容先開展預備性整理工作。再結合遇到的具體問題，對校注說明不斷完善。凡多人合作開展舊志整理工作，或在相對固定的時間內整理多部舊志時，校注說明的這些完善步驟尤其重要。必要時，可選擇典型問題，集體討論，形成統一意見。待整理方法合乎規範、易於操作之後，再最後定稿校注說明，讓它成為大家都要遵守的原則要求，不能輕易改變。

二 整理的具體環節及方法

整理的前期準備工作結束後，就進入具體的整理環節了。下面主要從"錄文""標點""校勘""注釋"等幾方面談談具體的整理方法。

（一）錄文、標點

具體整理舊志的第一個環節就是錄文。高質量地將底本文字轉錄為可以編輯的文檔，可以有效減少由出版機構照原手稿重新錄排造成的錯誤。一般來說，錄文要求在內容上一仍底本原貌（包括卷帙、卷次、文字、分段等），不改編，以保持內容的原始性、完整性和獨立性，便於整理者與底本對校。將以繁體字出版的舊志，特別需要重視底本存在的異體字、俗體字、通假字、古今字等用字現象，除因特殊的出版要求外，志書原字形不當以意輕改。如有的整理者改"昏"為"婚"，改"禽"為"擒"，改"地里"為"地理"，等等，均顯係誤改。利用軟件進行繁簡字轉換時，要注意其識別率。有些簡體字，軟件無法將其轉換成繁體字，有些甚至會轉換錯誤，如動詞"云"誤轉作"雲"，地支"丑"誤轉作"醜"，職官名"御史"誤轉作"禦史"，表示距離的"里"誤轉作"裏"。因出版要求，還要注意新舊字形問題，如"户""吕""吴""黃""彦"等為舊字形，相對應的新字形則是"户""吕""吴""黄""彦"。舊志用字，常有字形前後不一現象，如"强、彊、強""蹟、跡、迹""敕、勑、勅""為、爲"等幾組字，可能會在同一部舊志中交替出現，這類字的字形統一當慎重。整理時原則上遵從舊志原版的用字習慣，盡量用原書字形（俗字或異體字）。多種字形混用者，可統一為出現頻次較多的字形。但有的整理者將"並、并、竝、併""采、彩、綵、採""升、陞、昇"三組字分別統改為"並""采""升"，就很值得商榷了。

不同的字形，若有其特殊的用途或意義，就不能隨意地合并統改。特別是地名用字，一定不能以今律古。如寧夏平羅縣之"平羅"係清朝開始使用的地名用字，（萬曆）《朔方新志》卷一《地理》中作"平虜"，（康熙）《陝西通志》卷二《疆域·寧夏衛》避清朝諱改作"平羅"。整理時不能將《朔方新志》的"平虜"改為"平羅"，因為明朝原本就叫"平虜"，清朝因避諱而改，因此不能因其今名而改動明朝舊志的地名用字。同樣，整理清朝舊志，就需要把明朝的地名回改為當時的用字。如《乾隆寧夏府志》卷二《地里·疆域·邊界》"北長城"條"雖有平虜城""以故於平虜城北十里許"兩句，"平虜"原均作"平羅"，當據《朔方新志》卷二《外威·邊防》回改為"平虜"。

整理者錄文時對文稿要做一定的文檔編輯工作，認真閱讀原志，合理區別內容層次及隸屬關係，規範標注各級標題。舊志常用不同的版式風格和大小字體來區分不同類型的內容，錄文時要給予充分的考慮。舊志常用不同類型的符號來標示內容的層級隸屬關係，充分理解了這一點，有助於錄文時對內容進行分段。舊志原版中多雙行小字，有的雙行小字是補充說明性質的文字，有的雙行小字是解釋性文字。錄文排版舊志原版中的雙行小字，若字體、字號同正文文字，就有可能使讀者不能正確判斷原志內容的隸屬關係，有的還可能造成標點符號的混亂，影響對文意的理解。故錄文時，最好以不同的字體、字號把舊志原版雙行小字與正文區別開來。

處理舊志中的地圖等圖像文獻時要注意，舊志往往不用一整幅版面來呈現完整的圖像，而是分兩個半版來呈現，今人整理時最好能將其合二為一。合成後的圖像文獻盡可能保持版面清晰，必要時可將原版中模糊不清的字蹟、綫條等修飾清晰，以便他人的正確利用，但有一個原則，那就是不能以意亂改。不要改變原字體，不能改變原綫條走向等，盡量保持原版原貌。有些整理者會請專業的繪圖人員照舊圖另外繪制新圖，上述原則也應該遵守。修飾原版中模糊不清的文字時，盡量結合正文中的相應內容如《疆域》《城池》等內容，避免出錯。

舊志標點，可根據現行標點符號的用法，結合古籍整理的通例，進行規範化標點，具體可參考中華書局編寫的《古籍校點釋例（初稿）》（原載《書品》1991年第4期）。為統一舊志的標點工作，某些要求可以細化。如整理寧夏舊志時統一規定，凡原書中用以注明具體史料出處的"通志""府志""郡志""縣志""新志""舊志"之類，能考證確定所指文獻者，在正文中均加書名號，標點作《通志》《府志》《郡志》《縣志》《新志》《舊志》，並腳注說明具體所指文獻。如："府志：指（乾隆）《寧夏府志》。"凡不能確定具體所指者，則不加書名號，亦腳注說明。如："縣志：具體所指文獻不詳。"

（二）注釋

以往舊志整理，多注重對疑難字詞、典故、人名、地名等的注解，為進一步提高舊志的利用價值，還應加強以下幾方面內容的注釋工作：

1. 史料出處的注釋。舊志於行文中有時會注明史料出處，但無定制，如朱栴《寧夏志》卷上《河渠》所引史料出處包括："酈道元水經""周禮""西羌傳""唐吐蕃傳""李聽傳""地理志""會要""元和志""元世祖紀""張文謙傳""郭守敬傳"等，考諸其文，分別指酈道元《水經注》、《周禮·地官司徒·遂人》、《後漢書》卷八七《西羌傳》、《新唐書》卷二一六下《吐蕃傳》、《新唐書》卷一五四《李晟傳附李聽傳》、《新唐書》卷三七《地理志》、《唐會要》、《元和郡縣圖志》、《元史》卷五《世祖本紀》、《元史》卷一五七《張文謙傳》、《元史》卷一六四《郭守敬傳》，如果整理者不對其引文細加考究並給予注明，讀者恐怕很難判斷引文的具體出處。

2. 原文體例中資料互見者的注釋。地方舊志行文時，常常會出現"見前""見《進士》""見《藝文》""詳見《人物》""詳見《鄉賢》"等字樣，對這些內容進行注釋，一方面可以驗證原志記載是否可信，另一方面，省去讀者查檢之勞。

3. 干支紀年及缺省内容的注釋。舊志紀年多以干支為主，有的会承前省略帝王年号，有些行文中常常不出現人物全名，只稱某公，或只稱其職官名，具體年代及人物在原文中沒有交代，故整理者當結合上下文來注釋，以幫助讀者正確理解。如多種寧夏舊志中均收錄有唐朝楊炎《靈武受命宮頌并序》一文，其中有"丁卯，廣平王俶、太尉光弼、司徒子儀、尚書左僕射冕、兵部尚書輔國"句。"丁卯"指何時，廣平王等具體指何人，若不熟悉該序寫作時間及歷史背景的話，很難搞清楚。整理者通過查檢文獻注明，"丁卯"即唐玄宗李隆基開元十五年（727），人物分別指廣平王李俶、太尉李光弼、司徒郭子儀、尚書左僕射裴冕、兵部尚書李輔國，這樣的說明顯然有助於更好地理解原文。

（三）校勘

以往寧夏舊志的整理本中，有價值的校勘成果非常少見，由此更說明，舊志整理一定要加強校勘工作。校勘的方法，常用的是校勘四法，即對校、本校、他校、理校，此四法往往需要綜合運用，不能只是简单地運用其中的某一种方法。筆者校勘《寧夏志》卷上《祥異》"永樂甲戌歲金波湖產合歡蓮一"句，查明成祖"永樂"年號紀年干支名（自癸未至甲辰，1403—1424）中無"甲戌"。《寧夏志》卷下《題詠》錄有凝真（朱㭎之號）七律《戊戌歲金波湖合歡蓮》一首，所詠即為永樂年間金波湖出"祥瑞"合歡蓮一事。故知"永樂甲戌歲金波湖產合歡蓮一"句中"甲戌"當作"戊戌"，永樂戊戌歲即永樂十六年（1418）。

古籍整理要充分吸收已有研究成果，以最大限度地减少原始文本中存在的錯誤，避免利用者以訛傳訛。朱㭎編修《寧夏志》卷下錄有兩篇重要的西夏文獻，其中《大夏國葬舍利碣銘》有"大夏天慶三年八月十日建"句，朱㭎考證後認為，葬舍利時間"乃夏桓宗純佑天慶三年、宋寧宗慶元二年丙辰也"。寧夏舊志編者甚至許多當代學者都認同這一結論。據牛達生《〈嘉靖寧夏新志〉中的兩篇西夏佚文》考證，"天慶三年"句當作"大慶三年"，故朱㭎的考證結論當改作"乃夏景宗元昊大慶三年、宋仁宗景祐五年戊寅也"。

校勘所用他校資料不能失之過簡，亦不能失之過濫，某些關係明確的他書資料當作為重要的他校資料重點利用，如《寧夏府志》大量內容來自（萬曆）《朔方新志》和（乾隆）《甘肅通志》，我們就要將這兩種舊志作為《寧夏府志》最主要的他校資料。關於這一點，可以結合整理前要進行參校文獻篩選工作來理解。校勘成果的表達要規範、簡練，術語使用要準確。校勘時凡改必注，改動一定要有堅實的證據，否則只出異文即可。

三　整理研究舊志規範

（一）整理力求存真復原

整理舊志，不能變亂舊式，隨意在原文中增加原本沒有的文字內容，切忌以今律古。舊志，特別是明清舊志，都有一定的編修體式，不應隨意去變亂它。如許多舊志每條凡例之前都會有"一"這一符號，以使凡例眉目清晰，可有的整理者誤認為其為序號，將其改成阿拉伯數字或漢語數目字等。有舊志整理者為便於讀者統計，往往在山名、河名、人名、詩題、文題等之前添加序數詞，看似眉目清晰了，實則違反了古籍整理的原則。實際上，古人在刻舊志時，往往有一套符號系統表示層次及隸屬關係，今人的隨意增加，實在有畫蛇添足之嫌。更有甚者，會調整原書內容的次序、位置，任意刪併原志，這就完全變成是當代整理者編修的地方志了。宋人彭叔夏在其《文苑英華辨證自序》中記載："叔夏嘗聞太師益公先生（指宋人周必大）之言曰：'校書之法：實事是正，多聞闕疑。'"舊志整理要力求做到存真復原，按照一定的整理原則對舊志進行規範的整理。

（二）研究需要實事求是

評價舊志，一定要事實求是，充分了解舊志編纂的時代性特點，不可苛求古人、求全責備。評價一部舊志的價值，常常從體例、內容兩方面着手，而內容猶重。譚其驤先生曾說過："舊方志之所以具有保存價值，主要在於它們或多或少保留了一些不見於其他記載的原始史料。"[①] 這實際上要求我們，在評價舊志內容價值時，要區別看待，只有獨見於志書的內容價值才更高些，而那些因襲其他志書，或者自其他史書中摘抄的內容，

---

① 譚其驤：《地方史志不可偏廢，舊志資料不可輕信》，載《中國地方史志論叢》，中華書局1984年版，第12頁。

其價值就要另當別論了。如寧夏舊志，其科舉、賦稅、公署、學校、藝文等資料多獨見於志書者，而人物類資料多自他志承襲，評價內容價值時，就要慎言人物類資料的價值。另外，寧夏舊志承襲前代史料時多未加以辨別考證，致使其中的錯誤也被承襲，甚至錯上加錯。如隋朝人柳彧徙配地在"朔方懷遠鎮"，自明朝《弘治寧夏新志》始，一直被作為流寓寧夏的歷史名人而載之志冊。明朝胡侍《真珠船》"懷遠鎮"條考證認為，柳彧徙配地"朔方懷遠鎮"在遼東，與今寧夏無關。《弘治寧夏新志》《嘉靖寧夏新志》《嘉靖陝西通志》《朔方新志》等均誤以為柳彧流放在今寧夏故地，故載柳彧為寧夏流寓者。（乾隆）《甘肅通志》亦襲其說。過去研究寧夏舊志者都僅限於舊志本身談其價值，沒能從史料流傳上分析其價值。如評價《銀川小志》內容及學術價值時，有學者認為該志幾乎將與寧夏有關的歷代詩文全部輯錄在志書中，所輯錄的水利、學校、風俗等資料都很有研究價值，等等，這些觀點值得進一步商榷。實際上，《銀川小志》相當多的內容都是照錄明朝人所編寧夏舊志，並非汪繹辰的獨創。從內容的完整性和全面性來看，該志尚不能與明朝所編的寧夏舊志相比。有學者認為，寧夏舊志中以資料而論有三條最為珍貴，其中的一條就是《寧夏府志》中的《恩綸記》。可事實上此段史料最早出自《平定朔漠方略》，《寧夏府志》還將左翼額駙"尚之隆"誤抄作"尚之龍"。

　　加強舊志的比較研究，會有助於提升舊志的研究水準。比如，以往從事西北古代文史研究特別是寧夏古代文史研究者常將寧夏舊志當作第一手資料來利用，而從史源學角度看，這些資料實際上並非"一手"，而多是從陝甘地方志中輯錄的。從現有的寧夏舊志整理成果看，學者也多沒有把陝甘方志資料當作必需的參校資料來利用，致使寧夏舊志沿襲自陝甘方志的文字錯訛衍倒、內容遺漏及新增的文字、內容錯誤問題都沒有得到糾正，使後人以訛傳訛。同時，從事陝甘古代文史研究、開展陝甘舊方志整理研究，也要注意借鑒寧夏舊志的整理研究成果。辨明史料正誤，以避免以訛傳訛。

（三）成果確保完整呈現

　　一部完整的舊志整理之作，至少要包括五部分內容：第一，前言。主要介紹舊志的整理研究現狀、編修始末、編修者、版本、內容、價值等方面。第二，校注說明。說明底本、校本等選擇情況，列舉標點、注釋、校勘等原則。第三，新編目錄。舊志一般都有原編目錄，但不便今人利用，故要據整理成果編輯眉目清晰、層次分明、使用方便的新目錄。第四，舊志正文。第五，參考文獻。目前出版的舊志中，有些不列舉參考文獻，有些參考文獻或按文獻出版時間排序，或按在文中出現的順序排序，或按書名、作者名首字的音序排序，這些都起不到指導學術研究的作用。參考文獻要便於按圖索驥，最好能分類編排。依四庫法進行排列，就是很好的選擇。某些舊志，可根據需要增加索引、附錄等內容。編索引可方便使用者查找相關專題資料，附錄可在一定程度上彌補舊志正文內容不足的缺點。如民國時期寧夏地區對土地、資源等進行過較為詳細地調查，形成的調查報告是最原始的檔案資料，這些資料往往散見且不能單獨成書，但它們對有關舊志而言具有很好的補充作用，故應該在附錄中予以保留。

作為《寧夏珍稀方志叢刊》主編，筆者非常感謝對本叢書出版給予支持的各位學界同仁、學校領導、研究生、責任編輯及家人們。劉鴻雁、柳玉宏、邵敏、蔡淑梅等寧夏大學人文學院青年教師作為本叢書首批成果的作者，盡心盡力，不厭其煩，堅持不懈，保證了書稿的學術質量，為完成好本項目帶了個好頭。按計劃，田富軍、安正發等老師將會在本叢書計劃框架內陸續出版整理成果，期待他們也能推出高質量的學術成果。2011年為寧夏大學"學科建設年"，感謝何建國校長、謝應忠副校長，感謝部門領導王正英、李建設、陳曉芳等老師的大力支持，在他們的直接推動下，以筆者為學術帶頭人，配合學校開展的學科基層組織模式改革試點工作，組建了"寧夏地方民族文獻整理及阿拉伯伊斯蘭文化研究"學術團隊。寧夏大學提供的制度保障和經費支持促成本學術團隊不斷推出新成果，步入了良性發展階段，本叢書順利出版，當是本團隊對學校的最好回報。人文學院研究生在本叢書出版過程中也貢獻良多。孫佳、韓超、孫瑜、曹陽等是本叢書首批成果的作者，張煜坤、何玫玫、馬玲玲、魏舒婧、穆旋、徐遠超、孫小倩、李甜、李荣、張倩、曲絨、張娜娜、劉紅、蒲婧、王敏等同學在舊志整理、書稿校對過程中也付出了辛勤的勞動。這些同學中有的已畢業離校，有的還將繼續求學。無論他們將來身處何方，從事何種工作，大家共同追求學術的這段經歷應該是難忘的。研究生同學的青春朝氣讓我更加堅信：薪火相傳，學術常新。出版社張林等責任編輯的精心審讀，也讓本叢書學術質量得到了提升。本叢書的順利出版，也要感謝各位作者家人的理解與支持——你們默默無聞的奉獻精神，已幻化成萬千文字，在作者的成果中熠熠生輝。學術成績從來就不是無源之水，無本之木。有了巨人的肩膀，我們才會看得更高、更遠。在寧夏，有一批從事地方文獻整理與研究的學者，他們的探索和努力為我們今天的成績奠定了堅實的基礎，吴忠禮、陳明猷、高樹榆等老一輩學者更為我們樹立了治學的榜樣。因篇幅所限，對學界各位同仁，恕不一一列舉大名。

　　此次全面整理寧夏地方舊志，主要由我策劃並組織實施。舊志整理的每一個環節，由我提出具體建議，各舊志底本的選擇、《總序》《前言》《校注說明》的撰寫等也皆由我完成。具體整理過程中，各團隊成員所取得的注釋或校勘等學術成果大家互享，這也體現了我們團隊合作的特色。宋朝沈括在《夢溪筆談》卷二五《雜志二》記載："宋宣獻博學，喜藏異書，皆手自校讎，常謂'校書如掃塵，一面掃，一面生。故有一書每三四校猶有脫謬。'"宋綬（諡曰"宣獻"）家藏萬卷，博校經史，猶有"校書如掃塵"的感概，我輩於整理寧夏地方舊志而言，只能說："盡心而已！"更如《诗經·小雅·小旻》所詠："战战兢兢，如临深渊，如履薄冰。"我們從主觀上力求圓滿，但因學識水平所限，成果中訛誤之處肯定在所難免，敬請學界同仁批評指正。

2015 年 7 月 23 日於寧夏銀川

目　　録

前言 ································ 胡玉冰(1)
校注說明 ······························· (1)

重刻寧夏志序 ····························· (1)
寧夏志目録 ······························ (2)
寧夏志卷上 ······························ (3)
　　沿革 ······························· (3)
　　分野 ······························· (4)
　　風俗 ······························· (4)
　　疆域 ······························· (4)
　　城垣 ······························· (5)
　　街坊 ······························· (5)
　　山川 ······························· (5)
　　土産 ······························· (8)
　　土貢 ······························· (9)
　　壇壝 ······························ (10)
　　屬城 ······························ (10)
　　古跡 ······························ (11)
　　寺觀 ······························ (12)
　　祠廟 ······························ (13)
　　學校 ······························ (14)
　　貢舉 ······························ (14)
　　人物 ······························ (15)
　　孝行 ······························ (16)

名宦 …………………………………………………………… (16)

名僧 …………………………………………………………… (22)

死王事 ………………………………………………………… (22)

津渡 …………………………………………………………… (22)

陵墓 …………………………………………………………… (23)

橋 ……………………………………………………………… (23)

園 ……………………………………………………………… (23)

壩 ……………………………………………………………… (24)

河渠 …………………………………………………………… (24)

塩池 …………………………………………………………… (27)

屯田 …………………………………………………………… (27)

職官 …………………………………………………………… (30)

驛傳 …………………………………………………………… (31)

牧馬監苑 ……………………………………………………… (31)

公宇 …………………………………………………………… (32)

祥異 …………………………………………………………… (33)

雜誌 …………………………………………………………… (35)

寧夏志卷下 ……………………………………………………… (41)

文 ……………………………………………………………… (41)

靈武受命宮頌并序 ………………………………… 唐 楊 炎(41)

中書門下賀靈武破吐蕃表 ………………………… 權德輿(43)

授田牟靈州節度使制 ……………………………… 蔣 伸(44)

答趙元昊書 ………………………………………… 宋 范仲淹(44)

夏國皇太后新建承天寺瘞佛頂骨舍利軌 ………………… (47)

大夏國葬舍利碣銘 ………………………………… 西夏 張陟(48)

二孝贊并序 ………………………………………… 唐 李 華(49)

故西夏相斡公畫像贊 ……………………………… 元 虞 集(50)

寧夏莎羅模龍王碑記 ……………………………… 明 王 遜(50)

宜秋樓記 …………………………………………… 凝 真(52)

端午宴集麗景園詩序 ……………………………………… (53)

寧夏舊八景詩序 …………………………………… 陳德武(53)

夏城城隍神應夢記 ………………………………… 凝 真(54)

題詠 ……………………………………………………（56）
　老將行 ………………………………… 唐　王摩詰（56）
　送李騎曹之靈武寧侍 ………………………… 郎士元（57）
　送太常大夫加散騎常侍赴朔方 …………… 皇甫冉（57）
　和裴舍人觀田尚書出獵 …………………… 楊巨源（57）
　送鄒明府遊靈武 ……………………………… 賈　島（57）
　送李騎曹靈州歸覲 …………………………… 張　籍（58）
　送靈州田尚書 ………………………………… 薛　逢（58）
　送盧藩尚書之靈武 …………………………… 章　蟾（58）
　西征 ……………………………… 宋　張舜民（59）
　題楊得章監憲賀蘭山圖 …………… 元　貢泰父（59）
　西夏八景圖詩序 …………………… 明　凝　真（59）
　　賀蘭晴雪 ……………………………………（60）
　　漢渠春漲 ……………………………………（60）
　　月湖夕照 ……………………………………（60）
　　黃沙古渡 ……………………………………（60）
　　靈武秋風 ……………………………………（60）
　　黑水故城 ……………………………………（60）
　　官橋柳色 ……………………………………（60）
　　梵刹鐘聲 ……………………………………（61）
　麗景園八詠 …………………………… 靜　明（61）
　　鶴汀夜月 ……………………………………（61）
　　鳧渚秋風 ……………………………………（61）
　　桃蹊曉日 ……………………………………（61）
　　杏塢朝霞 ……………………………………（61）
　　蓮塘清露 ……………………………………（61）
　　璧沼煖波 ……………………………………（61）
　　積翠浮光 ……………………………………（61）
　　晴虹弄影 ……………………………………（62）
　金波湖棹歌十首 ……………………………（62）
　寧夏舊八景詩 ……………………………… 陳德武（63）
　　賀蘭晴雪 ……………………………………（63）

月湖夕照 ………………………………………………………(63)
　　官橋柳色 ………………………………………………………(63)
　　梵刹鐘聲 ………………………………………………………(63)
　　漢渠春漲 ………………………………………………………(63)
　　靈武秋風 ………………………………………………………(64)
　　黑水故城 ………………………………………………………(64)
　　黃沙古渡 ………………………………………………………(64)
舊西夏八景 ……………………………………………………王　遜(64)
　　夏宮秋草 ………………………………………………………(64)
　　漢渠春水 ………………………………………………………(64)
　　賀蘭晴雪 ………………………………………………………(64)
　　良田晚照 ………………………………………………………(65)
　　長塔鐘聲 ………………………………………………………(65)
　　官橋柳色 ………………………………………………………(65)
　　黑水故城 ………………………………………………………(65)
　　黃沙古渡 ………………………………………………………(65)
西夏重陽 ………………………………………………………王　遜(65)
喜見賀蘭山 …………………………………………………………(66)
題賀蘭行色圖送人歸浙東 …………………………………黃朝弼(66)
塞北春遲 ……………………………………………………………(66)
戊戌歲金波湖合歡蓮 ………………………………………凝　真(66)
登莘州城北擁翠亭 …………………………………………………(66)
遊高臺寺庄經辛卯戰場王驃騎〔俶〕陣歿處感傷而作 …………(67)
夏日遊麗景園 ………………………………………………………(67)
夜宿鴛鴦湖聞鴈聲作 ………………………………………………(67)
擬古邊城春思 ………………………………………………………(67)
寧夏新建社稷山川壇 ………………………………………………(67)
永樂二年春祭社稷山川禮成後作 …………………………………(67)
秋日登樓 ……………………………………………………………(68)
題雲松軒 ………………………………………………………王　宣(69)
塞垣送別 ………………………………………………………錢　遜(69)
送人歸葬 ………………………………………………………張　政(69)

韋州八景		(69)
蠡山疊翠	劉　昉	(69)
西嶺秋容		(70)
白塔晨煙		(70)
蠡山疊翠	穰　穆	(70)
東湖春漲		(70)
石關積雪		(70)
丙戌重九	唐　鑑	(70)
憶先壠		(71)
秋感		(71)
雪中訪陳訥翁	林季芳	(71)
漫興		(71)
寧夏	張子英	(71)
寄黃紀善李典簿	李　幹	(72)
寄王忍辱	朱逢吉	(72)
賡韻雙柑	顏先福	(72)
東湖春漲		(72)
蘆溝夜月		(72)
韋城春曉	朱復吉	(73)
送人回西京		(73)
西嶺秋容	張　彝	(73)
東湖春漲		(73)
喜雨	黃朝弼	(73)
應教端午麗景園宴集		(74)
初到寧夏	李守中	(74)
從獵賀蘭山宿拜寺口		(74)
初到寧夏覩賀蘭山有感	孫　惠	(74)
賡韻雙柑	郭　原	(74)
重九		(75)
送張四		(75)
春日蠡山	劉　中	(75)
題歸厚堂	陳叔昂	(75)

贈別 ………………………………………………… 毛翀(75)
　　嘉瓜瑞麥 ……………………………………………… 阮彧(76)
　　長至日雪霽 ………………………………………… 僧義金(76)
　　將至寧夏望見賀蘭山 ……………………………… 金幼孜(76)
　　至寧夏 ……………………………………………………(76)
　　九日宴麗景園 ……………………………………………(77)
　　出郊觀獵至賀蘭山 ………………………………………(77)
詞 …………………………………………………………………(77)
　　念奴嬌·雪霽 ……………………………………… 凝真(77)
　　浪淘沙·秋 ………………………………………………(77)
　　青杏兒·秋 ………………………………………………(77)
　　長相思·秋眺 ……………………………………………(78)
　　風流子·秋日書懷 ………………………………………(78)
　　春雲怨·與吳謙 …………………………………………(78)
　　搗練子 ……………………………………………………(78)
　　鷓鴣天 ……………………………………………………(78)
　　行香子 ……………………………………………………(78)
　　朝中措·憶葦州擁翠亭 …………………………………(79)
　　臨江仙 ……………………………………………………(79)
　　漁家傲·秋思 ……………………………………… 范仲淹(79)
　　木蘭花慢·悲秋 …………………………………… 陳德武(79)
　　菩薩蠻·歸思 ……………………………………………(79)

影印本 ………………………………………………………(80)
參考文獻 …………………………………………………(279)
　一　古代文獻 ………………………………………………(279)
　二　現當代文獻 ……………………………………………(285)

前　言

胡玉冰

明朝慶靖王朱㮵編《寧夏志》是傳世的寧夏舊志中成書時間最早的一部，清朝康熙時期傳入日本，現藏於日本國立國會圖書館（下文簡稱"國會圖書館"），為海內外孤本。國內有學者發表過相關整理研究成果，對深入了解、研究《寧夏志》奠定了一定的基礎，很有啓發和借鑒意義。

一　整理與研究現狀

最早提及並利用朱㮵《寧夏志》者是明朝王珣、胡汝礪。胡汝礪編修有（弘治）《寧夏新志》，他編修志書的主要動機之一就是要補《寧夏志》之闕漏，且在編修新志時還以《寧夏志》爲主要參考文獻。王珣作於弘治十四年（1501）的《寧夏新志·序》曰："宣德中，藩府慶靖王問學宏深，好古博雅，創編寧夏一志，到今七十餘年。事多不悉，蓋前無所傳，後無所繼故耳。"[1] 胡汝礪作於同年的《寧夏新志·後序》亦曰："比觀寧夏舊志，乃慶先靖王所作，固無容議。然歲久而事遺，人俗政治之趨革，而舊志難以株據。欲作新志，以表裏之，今昔美事也。"[2] 介紹《寧夏新志》具體編修方法的《寧夏新志·凡例》共8則，第一則即說，《寧夏新志》是在對朱㮵《寧夏志》進行"增補"、"考核"的基礎上編修而成，《凡例》載："《寧夏志》板行已久，然作於宣德初年，其事蹟簡略，必有待於今日增補也。但考核不敢以不嚴，去取不敢以不公。於舊

---

[1]　（明）胡汝礪：《弘治寧夏新志》，載《天一閣藏明代方志選刊續編》第72册，據明朝弘治刻本影印，上海書店1990年版，第128頁。

[2]　同上書，第688—689頁。

志，則固不能無功罪於其間矣。"① 《凡例》之後的《引用書目》列舉編修所引的42種文獻，其中就包括朱栴的《寧夏志》。胡汝礪在《寧夏新志》正文中，亦明確提到《寧夏志》。如卷二《國朝宗室文學》載，慶靖王朱栴"天性英敏，問學博洽，長於詩文，所著有《寧夏志》二卷、《凝真稿》十八卷、《集句閨情》一卷"②。《經籍》著錄："《寧夏志》一冊。《集句閨情》一冊。有板，俱在慶府內。"③ 由此可知，胡汝礪經眼的《寧夏志》當為刻本，他編修《寧夏新志》時其書版尚存藏於慶王府。清修（乾隆）《寧夏府志》亦襲胡汝礪之說，曰朱栴"英敏好學，長詩文，工草書，著有《寧夏志》及凝真等集"④。

明朝周弘祖編《古今書刻》上下兩編，上編著錄各地各部門刻本文獻信息，下編主要著錄石刻文獻信息。其上編著錄"陝西"13個部門的109種刻本，其中"寧夏"著錄1種，即《寧夏志》。這是古代目錄學著作中最早著錄《寧夏志》的。周弘祖為嘉靖三十八年（1559）進士，《古今書刻》還著錄了10種慶府刻書，詳見下文。

日本學者對中國方志中有關物產方面的資料都很重視，有一係列的方志物產資料彙編傳世，這種資料彙編可以看做是日本學者對中國方志資料的一種整理活動。松岡玄達於日本中禦門天皇正德四年（1714）在其《再續州府縣志摘錄》中刪抄《寧夏志》卷上《土產》的部分內容，是目前所知海外最早利用《寧夏志》者。張維1932年編《隴右方志錄》時據（乾隆）《寧夏府志》所載內容，對《寧夏志》有著錄，由於他未經眼《寧夏志》，以為該書已佚，故著錄其為佚書，且將書名誤著錄為《永樂寧夏志》，《寧夏地方志存佚目錄》、《稀見地方志提要》等，都沿襲了張維的錯誤。

較早披露日藏《寧夏志》信息的是《日本主要圖書館研究所所藏中國地方志總合目錄》，但將"朱栴"誤作"朱栵"。《中國地方志聯合目

---

① （明）胡汝礪：《弘治寧夏新志》，載《天一閣藏明代方志選刊續編》第72冊，據明朝弘治刻本影印，上海書店1990年版，第147頁。
② 同上書，第253頁。
③ 同上書，第319頁。
④ （清）張金城等修纂：《乾隆寧夏府志》，陳明猷點校，寧夏人民出版社1992年版，第293頁。按："凝真等集"，點校本原作"凝真集等"，據中國國家圖書館藏乾隆四十五年（1780）刻本改。

錄》、《寧夏地方文獻聯合目錄》、《甘肅省圖書館藏地方志目錄》、《中國地方志總目提要》等對《寧夏志》也作了著錄或提要。其中《中國地方志聯合目錄》以《寧夏志》重刻時間定其書名為《萬曆寧夏志》，巴兆祥《中國地方志流播日本研究》下編《東傳方志總目》著錄沿襲此說。

從20世紀80年代開始，有學者撰文研究《寧夏志》。朱潔撰《介紹寧夏明代地方志五種（上）》（《寧夏大學學報》1980年第2期），高樹榆《寧夏方志考》（《寧夏圖書館通訊》1980年第1期）、《寧夏方志錄》（《寧夏史志研究》1988年第2期）、《寧夏方志評述》（《圖書館理論與實踐》1993年第3期）、《為〈正統〉〈寧夏志〉正名》（《寧夏史志研究》1994年第2期）、《寧夏回族自治區地方志述評》［載金恩暉、胡述兆編《中國地方志總目提要》，（臺北）漢美圖書有限公司1996年版］，王桂雲《銀川方志述略》（《銀川市志通訊》1988年第3期）等文對《寧夏志》進行過扼要介紹。高先生正確指出，日本所藏《寧夏志》是重刻本而非原刻本，並就該志定名提出了個人的看法，但認為"是志保存完好，首尾俱全"則值得商榷。①

寧夏學者吳忠禮先生對《寧夏志》整理研究最為深入。他主編的《寧夏歷代方志萃編》首次影印出版《寧夏志》，並將其定名為《宣德寧夏志》，為學者深入研究提供了珍貴的文本。吳先生《日本藏孤本明〈寧夏志〉考評》（上、下）（《寧夏社會科學》1995年第6期、1996年第1期）、《寧夏志箋證》等論文和著作的發表、出版，標志着《寧夏志》的整理研究水準達到了新的高度。其《寧夏志箋證》中有關寧夏地理、職官等內容的考證猶顯功力，甚便學界。徐莊《一部研究寧夏史地的力作——評吳忠禮〈寧夏志箋證〉》（《寧夏社會科學》1997年第2期）一文，對吳先生的整理研究成果給予了高度評價，同時亦指出其存在的不足。《方志與寧夏》第四章《寧夏現存首部志書考證與評價》對吳忠禮先生研究成果要點進行了摘編。

胡迅雷《朱㮶與寧夏》（《寧夏歷史人物研究文集》，寧夏人民出版社1993年版）一文，詳考朱㮶生平，對其所編《寧夏志》的文獻價值給予高度評價。《寧夏出版志》第五章《明清時期》第一節《慶藩中的作者及

---

① 金恩暉、胡述兆編：《中國地方志總目提要》，（臺北）漢美圖書有限公司1996年版，28-1。

其著作》（徐莊編寫）對朱栴生平及其著作、與朱栴有關的慶藩刻書等問題進行了較為深入的探討。薛正昌《朱栴與〈寧夏志〉》（《寧夏文史》第 23 輯，2007 年版）、《地方志書與寧夏歷史文化（上）》（《固原師專學報》2004 年第 5 期）、《明代寧夏與固原兩大軍鎮的地方志書及其特點》（《史學史研究》2009 年第 1 期）等文主要從歷史學、文化地理學等角度對《寧夏志》進行探討，深入發掘《寧夏志》的文化內涵，亦多新見。白述禮據《明實錄》、《明史》等文獻記載，詳考朱栴生平，著《大明慶靖王朱栴》（寧夏人民出版社 2008 年版）一書，其書第 11 章《撰寧夏志史志珍寶》專章研究《寧夏志》（又題《朱栴及其〈宣德寧夏志〉》，載寧夏文史館編《寧夏文史》第 24 輯，2008 年版）。杜桂林《解讀朱栴〈西夏八景〉詩》（寧夏文史館編《寧夏文史》第 24 輯，2008 年版）一文，從文學鑒賞的角度，對朱栴一組 8 首風景詩詳細解析，多有創見。張樹彬《慶王朱栴為何坐鎮寧夏》、《"朱栴"不宜寫作"朱㫅"》（載《地方文化探微》，中國文化出版社 2010 年版）等文對與《寧夏志》有關的問題進行了探究。刁俊、劉文燕《明代慶藩著述及慶府刻書》（《寧夏大學學報》2010 年第 3 期）一文對朱栴生平及著述有較為詳細的梳理。

在《寧夏志》研究過程中，關於該書曾有不同的定名。吳忠禮等定名為《宣德寧夏志》。高樹榆先同意後又訂正此說，定舊志名為《正統寧夏志》。陳永中《〈宣德寧夏志〉名稱考辨——兼說宣德〈寧夏志〉之重要價值及古靈州州址》（《西北史地》1994 年第 1 期）一文亦同意高說。筆者認為，王珣、胡汝礪等人提及《寧夏志》編於宣德初，這當是該志編纂開始的時間，也有可能該志書的編成時間，當不會是志書的刊行時間。朱栴卒於明英宗正統三年（1438），而《寧夏志》中錄有"正統"年間史事，目前還沒有堅實的證據證明志書所記"正統"史料不是朱栴本人輯錄而是其後人附加上去的。即使這些"正統"年間的史料是後人附加上去的，也說明本志最早當於"正統"年間刊刻行世。故根據志書記載內容及版本刊刻年代，都應該定志書名為（正統）《寧夏志》。故《寧夏志》之定名，當據其記有"正統"年間史事和最早在"正統"年間刊刻等事實，定為（正統）《寧夏志》而非（宣德）《寧夏志》更為穩妥些。《寧夏志》原刻已經亡佚，傳世本當據實際情況說明其為明萬曆二十九年（1601）重刻（正統）《寧夏志》。

二　有關《寧夏志》著者"朱㮵"

國會圖書館藏《寧夏志》未署修纂者名氏。朱永齋萬曆二十九年（1601）《重刻寧夏志序》稱："予始祖靖王初封弘化，已而移寧夏。覯茲勝槩，乃旁稽博采，凡典籍中事隸寧夏者，編集為志。誠哉！約而達，微而藏，宇內稱郡邑志者，咸推轂焉。頃者壬辰，予方煢煢在疚，逆賊殘劫帑藏，書槧蕩然無餘。予今舞象，搜擄宗器，適曾史以舊志請於予，實契予心，遂付剞劂，以永其傳。嗟夫！我靖祖以帝室青子，孜孜勤學，寒暑不輟，且忘其王公軒冕之貴躬，為韋布操觚之士，亦難矣哉！若夫圖步芳躅，勉繩祖武，予未之逮也，而有志焉。梓竣，敬綴數言以紀之。"① 據考證，朱永齋序文中所述之"始祖靖王"、"靖祖"即明朝慶靖王。② 據前引明人王珣、胡汝礪等所記，此結論可信。

（一）朱㮵生平

考證慶靖王朱㮵生平事蹟，可資參考的傳世文獻主要有：《明實錄》之《太祖高皇帝實錄》、《太宗文皇帝實錄》、《仁宗昭皇帝實錄》、《宣宗章皇帝實錄》、《英宗睿皇帝實錄》等明朝五代皇帝《實錄》，（弘治）《寧夏新志》卷一《慶藩宗係之圖》、卷二《國朝宗室文學》，（嘉靖）《寧夏新志》卷一《封建·宗室》，《明史》卷一〇二《諸王世表》、卷一一七《慶王㮵傳》等。1968年，在寧夏同心縣大羅山下韋州鄉周新莊村境內，發現了《慶王壙志》碑刻，壙志蓋文為"大明慶靖王墓"，為研究慶靖王生平提供了寶貴的一手出土資料。

《慶王壙志》原碑現藏於寧夏博物館，其文曰："王諱㮵，太祖高皇帝第十五子也，母妃余氏。生於洪武戊午正月九日。二十四年辛未四月十三日，冊封慶王。二十六年癸酉五月，之國陝西，之韋州。三十四年辛巳十二月，徙國寧夏。正統三年八月初三日以疾薨，享年六十一歲。……上

---

① 朱㮵《寧夏志》引文，若不加注明，均係筆者從日本國立國會圖書館藏本過錄。
② 參見吳忠禮《日本藏孤本明〈寧夏志〉考評》（上），載《寧夏社會科學》1995年第6期，第65—70頁；《日本藏孤本明〈寧夏志〉考評》（下），載《寧夏社會科學》1996年第1期，第63—69頁。

深感悼，輟朝三日，遣使往祭，賜諡曰靖，命有司治喪，葬以正統四年五月十三日，葬於蠡山之原。"《明實錄》之《英宗睿皇帝實錄》卷四五"正統三年八月乙卯"條載文絕大部分同此志文，文曰："慶王㮵薨。王，太祖高帝第十五子，母妃余氏，洪武戊午年生，辛未年受封。至是病，命內官蕭愚帶醫士往視，至已薨矣，享年六十。訃聞，上輟視朝三日，遣使賜祭，諡曰靖，命有司治喪葬。"① 綜合出土文獻及傳世文獻可知，朱㮵號凝真，生於明太祖洪武十一年（1378）正月，二十四年（1391）四月封為慶王，二十六年（1393）五月入韋州就藩，三十四年（1401）十二月遷王府於寧夏鎮城（今寧夏銀川市），英宗正統三年（1438）八月薨，享年60歲，賜諡曰靖，史稱靖王或慶靖王。

（二）朱㮵為朱元璋第十五子還是第十六子

關於朱㮵為朱元璋第幾位兒子的問題，文獻記載互異。如《慶王壙志》、《明實錄》之《英宗睿皇帝實錄》卷四五"正統三年八月乙卯"條、（弘治）《寧夏新志》卷一《慶藩宗係之圖》、卷二《國朝宗室文學》等載其為明太祖"第十五子"，（嘉靖）《寧夏新志》卷一《封建·宗室》、（萬曆）《朔方新志》卷二《藩封》、《明史》等載其為"第十六子"，甚至同一種文獻記載也前後不一，如《明實錄》之《太祖高皇帝實錄》卷一一七"洪武十一年正月壬午"條載："皇第十六子㮵生。"② 而前引《英宗睿皇帝實錄》又載為"第十五子"，所以學者就朱㮵到底是明太祖的第十五子還是第十六子展開了爭鳴。鐘侃先生認為《明史》有誤，當據壙志志文，定朱㮵為第十五子。③ 牛達生先生認為，《明史》、（嘉靖）《寧夏新志》載朱㮵為明太祖"第十六子"是正確的，《慶王壙志》、（弘治）《寧夏新志》等載其為"第十五子"是"靖難之變"的產物。④ 許

---

① 楊新才、吳忠禮主編：《〈明實錄〉寧夏資料輯錄》，寧夏人民出版社1988年版，上冊第117—118頁。

② 同上書，上冊第12頁。

③ 參見鍾侃《寧夏文物述略》，載《明代文物和長城》，寧夏人民出版社1980年版，第99—101頁。

④ 參見牛達生《寧夏同心縣出土明慶王壙志》，載《考古與文物》1981年第4期，第66—68頁；《〈慶王壙志〉與朱棣"靖難之變"》，載《人文雜志》1981年第6期，第82—83頁。

成、吳峰雲認同牛先生的觀點。① 任昉先生認為，史籍及出土文獻載其為第十六子或第十五子都是正確的，這是由客觀歷史原因造成的，與"靖難之變"無關。②

筆者認為，任昉先生的觀點是比較穩妥的。文獻的產生一般均有特定的歷史背景，我們不能簡單地判定哪家說法是正確的，哪家說法是錯誤的，而是要具體區分清楚哪些屬於文獻文本的錯誤，哪些是史料記述的錯誤。判斷文本的正誤主要運用校勘學的理論與方法，判斷史料的正誤則要綜合考察史事本身。就朱栴的排行問題來說，從文本看，傳世文獻中《明史》、（弘治）《寧夏新志》、（嘉靖）《寧夏新志》的各傳本記載未見有異文，故不能說它記載有誤。《明實錄》記載前後互異，當從一說，故其文本有錯誤。出土文獻由於是唯一的，故文本本身不存在對錯的問題。但從最原始的史料如墓誌、實錄等文獻記載看，朱栴是朱元璋的第十五個兒子，而不是第十六個。故爭議朱栴的排行問題時，要區別出哪些是文本的錯誤，哪些是史料記載的錯誤。只有這樣，才是比較科學的態度。

(三) 朱栴之名用字問題

與慶靖王排行問題一樣，有關慶靖王之名，文獻記載亦有異。明官府所修《明實錄》、（萬曆）《朔方新志》、清四庫館臣編《四庫全書總目》等文獻載其名曰"栴"，而傳世的弘治、嘉靖兩朝《寧夏新志》和清乾隆年間所修《銀川小志》、《寧夏府志》均載其名曰"栴"。（民國）《朔方道志》、當代許多學者提及慶王之名時又多作"旃"。故有必要加以辨明。

從用字角度看，"栴"字一般用在"栴檀"一詞中，指一種有異香的喬木，又寫作"栴檀"，"栴"與"栴"為異體字關係。按照國家出版物有關異體字的用字要求，把"朱栴"寫作"朱栴"是沒有錯誤的。《說文

---

① 參見許成、吳峰雲《明代王陵區出土三盒墓誌疏證》，載許成《寧夏考古史地研究論集》，寧夏人民出版社1989年版，第250—258頁。按：本文原載《寧夏文史》1987年第4期。

② 參見任昉《明太祖皇子朱栴的名次問題》，載《中原文物》1986年第4期，第88—89、95頁。

解字》卷七上載："旃，旗曲柄也，所以旃表士衆。"① 所以"旃"與"栴"和"㮸"字義完全不同。考《明史》卷一〇〇《諸王世表》載："明太祖建藩，子孫世係預錫嘉名，以示傳世久遠。……太祖二十六子。……其得封者二十三王，曰秦㤊王樉，……曰慶靖王㮸，……"② 同書卷一〇二載慶王名亦作"㮸"。據《明史》可知，明太祖封王的兒子取名都從"木"字旁。故知，慶王之名定非作"旃"。所以可以肯定，將"朱㮸"寫作"朱旃"是錯誤的。

從傳世文獻看，《明實錄》、（萬曆）《朔方新志》、《四庫全書總目》和弘治、嘉靖兩朝《寧夏新志》、清修（乾隆）《寧夏府志》記載人名用字有異。明朝編修《實錄》有一套非常嚴格的程式，編修依據的基本史料是起居注、時政記、日曆等，研究明史，《明實錄》是最為基本的史料。（萬曆）《朔方新志》為明人所修寧夏志書，修成時間雖晚於弘治、嘉靖兩朝《寧夏新志》，但從用字來看，它沒有沿襲以前志書的用字，正說明新志編修者可能發現了舊志用字上存在問題，故據史實加以糾正。《明史》、《四庫全書總目》皆為清朝官府專修，《明實錄》、（萬曆）《朔方新志》及《明史》、《四庫全書總目》等文獻所記慶王人名用字為"㮸"當信從。前引《慶王壙志》為我們提供了最直接、最可靠的證據。弘治、嘉靖兩朝修《寧夏新志》晚出於《明實錄》，清修《銀川小志》、《寧夏府志》又襲明志，其說當不可從。故筆者認為，慶王之名當為"朱㮸"而非"朱栴"，更非"朱旃"。

三　日本國立國會圖書館藏《寧夏志》版本情況

國會圖書館藏刻本《寧夏志》開本 26.7×17.1（釐米），版框 21.9×15.2（釐米）。《重刻〈寧夏志〉序》每半頁 8 行，行 16 字，正文每半頁 10 行，行 19 至 20 字。四周雙邊，白口，雙、對、黑魚尾。上魚尾之上題書名"寧夏志"，上魚尾下有一圓圈符號。兩魚尾間標卷次及頁碼。下魚尾之下即版心最下方有刻工名氏，出現名氏圻、池、川、章、培、連、化、旦、大、佩、二、人、坦等共 13 個。版刻的文字內容主要由

---

① （漢）許慎：《說文解字》，（宋）徐鉉校定，中華書局 2004 年版，第 140 頁。
② （清）張廷玉等：《明史》，中華書局 1974 年版，第 9 冊第 2503、2505 頁。

《序》2頁、《〈寧夏志〉目錄》1頁及卷上正文46頁、[①]卷下正文51頁等四部分共100頁構成，四部分內容均首尾完整。但是，其《重刻〈寧夏志〉序》版心標識頁數是"六"、"七"，《〈寧夏志〉目錄》版心標識頁數是"八"。這説明，日本藏本《寧夏志》已非全帙。原刻本書衣及前5頁內容已經殘缺。藏本已被蟲蛀，個別地方文字還有跑墨現象。

國會圖書館藏《寧夏志》原本線裝為4冊。《重刻〈寧夏志〉序》2頁、《〈寧夏志〉目錄》1頁及卷上正文前25頁等共28頁被合裝為第一冊，書根自左至右橫題"寧夏志一"等4字。卷上正文第26—46頁等共21頁被合裝為第二冊，書根橫題"寧夏志二"等4字。卷下前26頁被合裝為第三冊，書根橫題"寧夏志三"等4字；第27—51頁等共25頁被合裝為第四冊，書根橫題"寧夏志四終"等5字。

《寧夏志》被分裝成4冊，並未按內容來分，而是把現存的100頁內容基本平均分成4冊，這樣的分冊方式割裂了原刻本內容的完整性和連貫性。如原刻本卷上自第25—28頁為《河渠》之內容，分4冊線裝時，第25頁10行的內容線裝於第一冊最後一頁，第26—28頁內容則線裝於第二冊。唐人薛逢七言律詩《送靈州田尚書》原錄入《寧夏志》卷下《題詠》，詩題及著者名位於卷下第26頁，詩之正文則位於第27頁，在分冊線裝後，詩題、著者名"送靈州田尚書唐薛逢"等9字線裝於第三冊最後一頁，而詩之正文則線裝於第四冊。入藏帝國圖書館後，《寧夏志》又被合裝成兩冊，即原第一、二冊合為一冊，原第三、四冊合為一冊。重裝的兩冊都加裝了硬書衣，書衣凸版印"帝國圖書館藏"6字，第一冊書衣題簽題書名"寧夏志"，題簽下部標注"一、二"。第二冊書衣題簽題書名同第一冊，題簽下部標注"三、四止"。藏本有6頁用內襯的方式進行過修補，包括卷上第45、46兩頁，卷下前3頁和第51頁等4頁。

四　《寧夏志》東傳日本

國會圖書館藏書主要有兩個來源：一是設立於1890年，隸屬於舊憲

[①] 吳忠禮《寧夏志箋證·凡例》指出："原本卷上缺第四十五頁。"實不確。卷上共46頁的正文內容完整無缺，吳先生所據複印本漏印了第45頁。參見吳忠禮《寧夏志箋證·凡例》，第1頁。

法下帝國議會的貴族院衆議院圖書館；另一是設立於 1872 年，隸屬於文部省的帝國圖書館。1947 年改稱為國立國會圖書館。《寧夏志》何時何地由何人傳入日本，詳情已不得而知。我們可以據日本學者松岡玄達摘録《寧夏志》之時間及日本藏本所鈐蓋的印章來略加推究。

日本著名儒家、本草學者松岡玄達（1668—1746），名成章，通稱恕庵，字玄達，號怡顔齋、苟完居，垣鈴翁、真鈴潮翁，主要著作有《用藥須知》、《救荒本草》、《食療正要》、《煙草録》，其手抄《再續州府縣志摘録》原本原藏於伊滕篤太郎，現藏於國會圖書館，藏本已有綫斷和蟲蛀現象。抄本 23.4×16.2（釐米），每半頁 10 行，行 20 字，雙行小字 21 字。内容共 45 頁。書衣題《怡顔齋再續州府縣志摘録》，書根題《再續府州摘録·物産部》，書口題《再續府志》。國會圖書館著録其書抄成於日本江戶後期櫻町天皇寛保二年（壬戌年），時當清朝高宗弘曆乾隆七年（1742）。經筆者勘驗原書，發現該抄本實際上是由抄成於不同時期的兩部分内容組成的。前 24 頁為第一部分，内容均摘録自日本藏漢籍如《廣德州志》、《丹陽縣志》等舊志"物産"或"土産"部分。第 24 頁在摘録的《羅源縣志》物産内容之後落款有"正德甲午年冬十一月念五夜摘録怡顔齋"等 17 字。"正德甲午"即日本中御門天皇正德四年，時當清朝聖祖康熙五十三年（1714）。《寧夏志》卷上《土産》部分被摘録的内容就在第一部分之内。據此可知，至晚日本中御門天皇在正德四年（1714），《寧夏志》就見藏於日本了。

第 25—45 頁為第二部分，均為醫學内容，主要摘録自日藏明、清時期漢籍醫書、道教典籍，朝鮮本詩文集以及和刻大藏經。第 45 頁落款有"寛保二壬戌歲正月念九日夜謄録畢"等 15 字。抄本末頁有理學博士伊滕篤太郎考辨此抄本抄者及抄成時間所寫的題識語。第一處題識寫於明治四十一年（戊申年，清朝光緒三十四年，1908）九月十六日，云此本蓋怡顔齋松岡玄達先生親自筆録，先生於日本櫻町天皇延享三年（1746）七月十一日歿，所以本抄本當在松岡玄達逝世前 6 年抄寫完畢。第二處題識寫於 1938 年 1 月 6 日，云此抄本最後之"寛保二壬戌歲正月念九日夜謄録畢"落款語係小野蘭山所題，蓋其内容係松岡玄達摘録，傳本則為小野蘭山謄録。小野蘭山（1729—1810），松岡玄達名弟子之一，日本江戶時代著名本草學者，字以文，名識博，通稱喜内，號蘭山、朽匏子，京都人，著作有《本草綱目啟蒙》、《花彙》、《大和本草會識》、《衆芳軒隨筆》、《南樓隨筆》等。

國會圖書館藏《寧夏志》共鈐蓋有 4 種印章，其中卷下首頁即原裝第三冊首頁 4 種印章均有。卷下卷端最下部鈐蓋有陽文"閩中徐惟起藏書印"豎長方形朱印。卷端次行標題《文》下鈐蓋有陽文"明治九年文部省交付"豎長形朱印。版框內上部第三至第五行間鈐蓋有陽文"帝國圖書館藏"方形朱印。此印上方天頭處鈐蓋有圓形陽文朱印，內有英文"TOKYO LIBRARY"、"FOUNDED BY MOMBUSHO 1872"，漢文篆書"東京書籍館明治五年文部省創立"。此外，《重刻〈寧夏志〉序》即第一冊首頁、卷上第 26 頁即第二冊首頁、卷下第 27 頁即第四冊首頁等 3 處均鈐蓋有除"閩中徐惟起藏書印"之外的其他 3 種印章。

徐惟起即明朝著名藏書家徐𤊹（1570—1642），字惟起，號興公（一說"又字興公"），福建閩縣人，家富藏書，著述豐富。由所編《紅雨樓藏書目》可見其藏書之一斑。編著有《閩畫記》、《榕陰新檢》、《鼇峰集》等。[①] 所編、所藏之書日本多有藏。所編校之書如《宋蔡忠惠文集》、《蔡忠惠詩集全編》、《鸚棲草》等今藏日本內閣文庫即今國家公文書館。所藏十數種明刊文獻皆入藏於內閣文庫，明嘉靖刊本《古樂府》、明嘉靖三十年（1551）刊元人蘇天一撰《金精風月》及明初刊本《臨川王先生荆公文集》等 3 種文獻上皆有徐𤊹手識文字。日本宮內廳書陵部藏明嘉靖刊明人許東望撰《山陰縣志》4 冊，每冊卷首即鈐有"閩中徐惟起藏書印"。這些都是研究明刊本版本流傳的重要資料。

綜上所述，國會圖書館館藏《寧夏志》原本當為明朝徐𤊹所藏。徐氏藏本至晚當於日本中御門天皇正德四年（1714）傳入日本。明治四年（1871）十一月，日本文部省命令各府縣提交舊藩藏書目錄，由文部省在選用的書籍上加蓋朱圓印，並規定各府縣在得到進一步處理的命令前一定要對這些書妥善保存。[②] 明治五年（壬申年，即清朝同治十一年，1872），《寧夏志》入藏東京書籍館。明治八年至九年（1875—1876），各地將蓋印之書按要求上交到文部省，文部省再將其移交給東京書籍館。明治九年

---

① 參見陳慶元《徐𤊹著述編年考證》，載《文獻》2007 年第 4 期，第 77—92 頁。
② 日本學者西村正守、佐野力撰寫《東京書籍館舊藩藏書之收集》對於各藩移交之書進行過調查和研究，由於筆者所見資料有限，不知《寧夏志》原藏於日本哪家藩。參見巴兆祥《中國地方志流播日本研究》，上海人民出版社 2008 年版，第 216—217 頁。

（丙子年，即清朝光緒二年，1876），文部省將《寧夏志》正式移交給國會圖書館前身之帝國圖書館館藏，該館對原 4 冊線裝的《寧夏志》線裝為兩冊，館藏至今（2013）。所以《寧夏志》在日本至少已經傳藏了 299 年。

五　志書史源、編纂及刊刻質量分析

徐𤊹萬曆三十年（1602）編《紅雨樓書目》卷二載，陝西省志書中有《寧夏衛志》二卷，[①]《古今圖書集成·方輿彙編·職方典》之"陝西總部·寧夏衛部彙考"就是自《寧夏衛志》中輯錄資料。此本極有可能就是東傳日本的朱栴著《寧夏志》。日藏《寧夏志》即分上、下兩卷，共 38 目。卷上包括《沿革》、《分野》、《風俗》、《疆域》、《城垣》、《街坊》、《山川》、《土產》、《土貢》、《壇壝》、《屬城》、《古蹟》、《寺觀》、《祠廟》、《學校》、《貢舉》、《人物》、《孝行》、《名宦》、《名僧》、《死王事》、《津渡》、《陵墓》、《橋》、《園》、《壩》、《河渠》、《鹽池》、《屯田》、《職官》、《驛傳》、《牧馬監苑》、《公宇》、《祥異》、《雜志》等 35 目，卷下包括《文》、《題詠》、《詞》等 3 目，錄文共 13 篇，錄詩共 107 首，錄詞共 14 首。明永樂十年（1412）、十六年（1418），曾頒降《纂修志書凡例》，對地方志書內容提出了具體的立目要求，纂修志書至少要包括建置沿革、分野、疆域、城池、山川、坊郭鎮市、地產、貢賦、田地、稅糧、課程、稅鈔、風俗、形勢、戶口、學校、軍衛（包括衙門、教場、屯田等）、郡縣廨舍（包括館驛、鎮所、倉聲、府庫等）、寺觀、祠廟、古蹟（包括前代城壘、公廨、驛鋪、山寨、倉場、庫務等）、宦蹟、人物、仙釋、雜志、詩文等內容。[②]朱栴所創設的志書類目基本符合這些要求。

（一）史源分析

從史料來源看，《寧夏志》或自文獻典籍中徵引事隸寧夏者，或取諸口傳資料，亦有實地調查取材者。由於資料來源不一，故其可信度亦

[①] 日本京都大學人文科學研究所藏《徐興公家藏書目·分省》載："《寧夏衛志》二卷。"
[②] 明永樂十年（1412）頒降《纂修志書凡例》原載嘉靖四十年（1561）《壽昌縣志》，十六年（1418）頒降原載正德十年（1515）《莘縣志》。錄文參見中國地方志指導小組辦公室選編《中國方志文獻彙編》，附錄一《明清時期的修志文獻》，方志出版社 1999 年版，第 1433—1437 頁。

有異。

1. 徵引自文獻典籍者

史載朱栴"好學有文，忠孝出天性"[①]。其所編《寧夏志》，徵引文獻典籍可分為明引和暗引兩種。明引者，行文注明出處，但無定制。如卷上《河渠》注所引資料出處包括"酈道元水經"、"周禮"、"西羌傳"、"唐吐蕃傳"、"李聽傳"、"地理志"、"會要"、"元和志"、"元世祖紀"、"張文謙傳"、"郭守敬傳"等。考諸其文，朱栴注明出處時，有的是用書名省稱，如《水經注》省稱"水經"，《唐會要》省稱"會要"，《元和郡縣圖志》省稱"元和志"。有的是用書名簡稱加篇名，如《新唐書》卷二一六下《吐蕃傳》作"唐吐蕃傳"，《元史》卷五《世祖本紀》作"元世祖紀"。有的只出現書名，不出現篇名，如《周禮·地官司徒·遂人》只作"周禮"。有的只出現篇名而不出現書名，如《元史》卷一五七《張文謙傳》、卷一六四《郭守敬傳》只注作"張文謙傳"、"郭守敬傳"。有些出處還有可能讓讀者無所適從，如《唐書》分新、舊兩《唐書》，《舊唐書》卷一三三《李晟傳》、《新唐書》卷一五四《李晟傳》後均附有《李聽傳》，有許多史部文獻中均設有《地理志》，所以朱栴所注"唐書"、"李聽傳"、"地理志"之類，如果不對其引文細加考究，讀者恐怕很難判斷引文的實際出處。再如，有的引文僅注作者名，如引《唐國史補》注曰"唐李肇曰"，引唐杜甫《陪鄭廣文游何將軍山林》詩，只言"杜詩"，不及著者名及詩題。這也從一個側面反映了該書的確只是初稿而已，尚未經最後潤色定稿。

勘驗《寧夏志》，有些史料明顯自文獻中徵引，但朱栴行文中並未注明，是為暗引。如卷上《屯田》資料多引自宋朝王應麟撰《玉海》卷一七七《食貨·屯田》，但行文未注明。本志《雜志》內容均輯自元朝釋覺岸撰《釋氏稽古略》卷四，《釋氏稽古略》往往將不同時間內發生的事連敘，且多有錯誤，本志亦襲之。

考諸各類目徵引文獻情況，卷上《沿革》、《疆域》、《街坊》、《屬城》、《祠廟》、《人物》、《名宦》、《名僧》、《津渡》、《陵墓》、《橋》、《壩》、《職官》、《驛傳》等14目中無徵引文獻名出現，其他諸目中出現了徵引文獻名。各目引書情況如下：《分野》引《唐天文志》、《國朝清類

---

① （清）張廷玉等：《明史》，中華書局1974年版，第12冊第3588頁。

天文分野之書》,① 《風俗》引《金史》卷一三四《西夏傳》之"贊"、《長安志》,《城垣》引《博物志》、《禮記·禮運》、《詩經·大雅·板》及《小雅·出車》,《山川》引《新五代史》卷七四《四夷傳》,《土產》引《遼史》卷一一五《西夏外紀》,《土貢》引《周禮·天官塚宰》,《壇墠》引韓愈《處州孔子廟碑》、《通典》卷四五《禮·吉禮·社稷》,《古蹟》引《輿地廣記》卷十七《陝西路化外州》、《水經注》卷三《河水》,《寺觀》引《事物紀原》卷七《白馬寺》,《學校》引《孟子·滕文公上》、唐朝章碣《題焚書坑詩》,《貢舉》引《唐國史補》卷下、《新唐書》卷四四《選舉志》,《孝行》引《詩經·邶風·凱風序》、《孝經》,《死王事》引《司馬法》、《春秋左傳·昭西元年》,《園》引三國時曹植《公宴》、《晉書》卷八六《張軌傳附張天錫傳》、《詩經·魏風·園有桃》、唐朝杜甫《陪鄭廣文游何將軍山林十首》之一,《河渠》引《水經注》、《周禮·地官司徒·遂人》、《後漢書》卷八七《西羌傳》、《新唐書》卷二一六下《吐蕃傳》、《舊唐書》卷一三三《李晟傳附李聽傳》、《新唐書》卷一五四《李晟傳附李聽傳》、《唐會要》卷八九《疏鑿利人》、《元和郡縣志》卷四、《元史》卷一五七《張文謙傳》及卷一六四《郭守敬傳》,《塩池》引《尚書·洪范》、《新唐書》卷三七《地理志》及卷五四《食貨志》,《屯田》引《唐六典》、《新唐書》卷一五四《李晟傳附李聽傳》、《元史》卷六《世祖本紀》,《牧馬監苑》引《周禮·夏官司馬·校人》等,《公宇》引《周禮·天官塚宰》,《祥異》引《酉陽雜俎》,《雜志》引《資治通鑒》、《容齋三筆》。卷下各目無資料出處的說明,故而無法確證其引自何種文獻。

---

① 該書亦名《大明清類天文分野之書》、《清類天文分野之書》等,24卷,劉基等於洪武十七年(1384)編成,以十二分野星次分配當時天下郡縣,又於郡縣之下詳載其古今沿革之由,《四庫全書總目》卷一一〇、《明史》卷九八、《千頃堂書目》卷六與卷十三等有著錄。該書卷十三《秦分野》詳細記載明朝陝西的分野及轄境內各屬府州縣的沿革情況,有關寧夏的內容就在本卷。《寧夏志》卷上《分野》內容全部節錄自該書。據該書及《舊唐書》卷三六、《新唐書》卷三一《天文志》等文獻,《分野》開篇引《唐天文志》引文中"北地上郡"四字下脫"安定"二字。引《國朝清類天文分野之書》"自井九度至柳三度屬秦分雍州西夏之西偏"當標點作"自井九度至柳三度,屬秦分雍州。西夏之西偏",整理本誤標點作"自井九度至柳三度屬秦分。雍州、西夏之西偏"。

2. 取諸口傳材料者

《寧夏志》部分材料取諸口傳材料，並無文獻佐證。如卷上《山川》"莎羅模山"條，朱㮵引當地人傳說，並結合親身經歷，給該山籠罩上了一層神秘色彩。所書《夢記》，《寧夏志》卷下王遜《寧夏莎羅模龍王碑記》轉載。《古蹟》"文殊殿"條所記文殊殿的修造亦富有傳奇色彩。《祥異》的大部分材料也多取自口耳相傳材料，實不可信。

3. 實地調查取材者

朱㮵對於其王府所在地的介紹多為實地調查取材。如卷上《公宇》提及的王府、長史司、海太監宅、皇華館、接官廳、教武場等，均是他非常熟悉的地方。這類資料可信度高，極具史料價值。

（二）編刊質量分析

《寧夏志》未最後定稿，前述其注資料出處體例不一可為一證。其體例不一的現象在志中還有一些。如卷上《風俗》、《河渠》兩類目正文首兩字重複類目名"風俗"、"河渠"，然後接敘正文，而其他類目則於類目名次行徑直敘正文，不再重複類目名。《人物·名宦·郭守敬》部分內容與同卷《河渠》、《屯田》重複。同為詩序，凝真《端午宴集麗景園詩序》、陳德武《寧夏舊八景詩序》錄入卷下《文》中，而凝真《西夏八景圖詩序》與其詩一起錄入卷下《題詠》中。《題詠》錄入著者名"靜明"之七絕《麗景園八詠》，其後《金波湖棹歌》10首，其後即為陳德武8首寧夏舊八景詩。

另外，《寧夏志》行文及內容編排上也有不嚴謹之處。卷下所錄之文、詩及詞，按照一般志書的編纂方法，當按著者朝代自古及今的順序錄入，而《寧夏志》排序較亂。所錄之文的排序是，先錄唐文3篇，接着錄宋文1篇、西夏文2篇，然後又錄唐文、元文、明文各1篇，再接錄凝真文2篇、明文1篇，最後又錄凝真文1篇。所錄14首詞中，凝真的11首詞置於最前，接着錄宋范仲淹詞1首，然後又錄明人陳德武詞2首。

朱㮵死後，《寧夏志》的編纂也就中止了，原編纂存在的問題也被定格在了志書的未完稿上。理論上說，這些問題完全可以由朱㮵的後人，或其他有志於此的人來解決，遺憾的是，傳世本《寧夏志》中，不僅原編纂過程中存在的問題照舊存在，由於刊刻質量粗糙，又有新的問題疊加在了《寧夏志》上。刊刻本存在的問題主要包括：

1. 誤字

以形近而誤最為常見。如《〈寧夏志〉目錄》類目名"疆場"，正文作"疆域"。據其內容，目錄誤。卷上《屬城》與靈州有關的資料蓋引自《輿地廣記》卷十七《陝西路化外州》"大都督府靈州"條，參諸《通典》卷一七三、《文獻通考》卷三二二，"河渚土舊是赫連果地"句，"土"當作"上"；"天業初州廢"句，"天"當作"大"。卷上《寺觀》引《事物紀原》"初正鴻臚寺"句，據《事物紀原》卷七《白馬寺》條，"正"當作"上"。卷上《名宦·張文謙》"刑州"當作"邢州"。卷上《園》，據《晉書》卷八六《張軌傳附張天錫傳》、《十六國春秋》卷七四、《冊府元龜》卷二二〇、卷二三〇及《天中記》卷二七等，引張天錫語"睹松竹則思貞操之士"，"士"當作"賢"。卷上《祥異》"永樂甲戌歲金波湖產合歡蓮一"句。查明成祖"永樂"年號紀年干支名（自癸未至甲辰，1403—1424）中無"甲戌"。《寧夏志》卷下《題詠》錄有凝真（朱㮮之號）七律《戊戌歲金波湖合歡蓮》一首，所詠即為永樂年間金波湖出"祥瑞"合歡蓮一事。故知"永樂甲戌歲金波湖產合歡蓮一"句中"甲戌"當作"戊戌"，永樂戊戌歲即永樂十六年（1418）。

2. 脫文

如卷上《壇壝》"韓文自天子至郡邑守長通得祀而徧天下者惟社稷焉"句，此"韓文"指韓愈《處州孔子廟碑》。唐憲宗元和十五年（820），韓愈任袁州（今江西宜春市）刺史，為孔廟作《處州孔子廟碑》，碑文開篇即云："自天子至郡邑守長通得祀，而徧天下者惟社稷與孔子焉。"可知，朱㮮引文脫"與孔子"三字。

3. 衍文

如卷上《河渠》載："漢三渠。《唐·吐蕃傳》：大曆十三年，虜大酋馬重英以四萬騎寇靈州，塞漢御史、尚書、光祿三渠以擾屯田，為朔方留後常謙光所逐。"自朱㮮引文可知，他認為漢三渠之渠名當為御史渠、尚書渠、光祿渠。考《新唐書》卷二一六下《吐蕃傳》載，大曆"十三年，虜大酋馬重英以四萬騎寇靈州，塞漢、御史、尚書三渠以擾屯田，為朔方留後常謙光所逐，重英殘塩、慶而去"[①]。《玉海》卷二一《地理·河渠》載："漢三渠。《唐·吐蕃傳》：大曆十三年，虜大酋馬重英以四萬騎寇靈

---

① （宋）歐陽修、宋祁：《新唐書》，中華書局1975年版，第19冊第6092頁。

州，塞漢、御史、尚書三渠以擾屯田，爲朔方留後常謙光所逐。"①《新唐書》、《玉海》所載"塞漢御史尚書三渠"一句可以有兩種理解。一種是將"塞漢"理解爲一個動賓片語，該句意即爲"填塞漢朝的御史渠、尚書渠三條渠"，或"填塞漢渠、御史渠、尚書渠三條渠"，另外亦可將"塞漢"當作渠名來理解，則該句又可以理解爲"塞漢、御史、尚書三條渠"。朱橚很明顯是將"塞漢"理解爲一個動賓片語，他認爲原句有脱文，故補"光禄"2字，以湊出三渠之渠名。

《資治通鑑》卷二二五載，唐代宗李豫大曆十三年（778）二月"己亥，吐蕃遣其將馬重英帥衆四萬寇靈州，奪填漢、御史、尚書三渠水口以弊屯田。史炤曰：三渠，謂填漢渠、御史渠、尚書渠也。填，讀曰鎮"②。自史炤注文，漢三渠渠名皆可知。《新唐書》、《玉海》由於錯將"填"字理解爲"填塞"，故將"填漢"誤作"塞漢"，朱橚錯上加錯，不明文義而衍"光禄"2字。

4. 多重錯誤

如卷上《屯田》的唐朝資料朱橚未説明其史料出處，考諸文獻，蓋引自《玉海》卷一七七《食貨・屯田》，但有多處引誤。如"河東道一百五十一屯"句，"五"當作"三"；"中城四十"句，"十"下脱"一"字；"涓州至西使"句，"涓"當作"渭"；"寯八屯扣州一屯"句，"寯"下脱"州"字，"扣"當作"松"。

另，本類目之"唐夏州屯田"事，不僅無史料可證，且有引誤。其原文曰："唐夏州屯田。開元十五年，令諸屯隸司農寺者每三十頃以上、二十頃以上爲一屯，隸州鎮諸軍者每五十頃爲一屯。夏州屯二。"考《通典》卷二《食貨二・田制下》、《通志》卷六一《食貨略・屯田》、《太平御覽》卷三三三《兵部・屯田》引《唐書》、《玉海》卷一七七《食貨・屯田》等，僅載其爲唐屯田之制，未言唐夏州屯田事。且"十五年"當作"二十五年"，"每三十頃以上"之"以上"當作"以下"。《屯田》之元朝資料，朱橚於"元西夏屯田"事説明其史料出自《元史・世祖紀》，於"元寧夏等處新附軍萬户府屯田"等事亦説明其史料出自《元史・世

---

① （宋）王應麟：《玉海》，江蘇古籍出版社、上海書店1987年版，第1册第425頁。按：標點係筆者所加。

② （宋）司馬光：《資治通鑑》，中華書局1956年版，第15册第7251頁。

祖紀》。考諸《元史》，朱栴不僅史料出處說明不盡準確，引文也有誤。元朝西夏等路屯田事，朱栴引自《元史》卷六《世祖本紀》，而元寧夏等處新附軍萬户府屯田事、寧夏營田司屯田事、寧夏路放良官屯田事，史料皆引自《元史》卷一〇〇《兵志》，而非《元史·世祖紀》。元復立營田司於寧夏府，《元史》卷十五《世祖本紀》載其時為"至元二十六年夏四月己酉"，朱栴誤作"至元二十七年"。

六　文獻價值

儘管《寧夏志》編纂上存在諸多問題，刊刻質量也不盡如人意，但作為一部地方志書，它還是有着獨到利用價值的。

第一，現藏於國會圖書館的《寧夏志》是傳世文獻中成書時代最早的一部寧夏舊志。書成後靠手抄傳世。根據前引《寧夏新志·凡例》所言，《寧夏志》"板行已久"，至晚在弘治十四年（1501）還有慶王府刊本傳世。據今傳本前朱栴的九世孫朱永齋序推知，《寧夏志》至晚當於萬曆二十九年（1601）又刊印，距《寧夏志》成書已175年左右。[①] 由於該志在類目設置上符合明朝永樂年間頒降的《纂修志書凡例》的要求，故而也為研究明朝初期成書的方志提供了標準研究文本。

第二，提供了豐富的明朝寧夏史地資料。明李賢等撰《明一統志》卷三二《陝西布政司》載，明朝"置陝西都指揮使司，領西安左、西安前、西安後、固原、平涼、慶陽、延安、綏德、榆林、鞏昌、臨洮、漢中、秦州、蘭州、洮州、岷州、河州、寧夏、寧夏中、寧夏前、寧夏後、寧夏左屯、寧夏右屯、寧夏中屯、寧羌二十五衛，鳳翔、金州、靈州、鎮羌四千户所"。卷三七《寧夏衛》載："本朝初改寧夏府，後府廢。洪武九年，改置寧夏衛，隸陝西都司，後又增置寧夏前、寧夏後及寧夏左屯、寧夏右屯、寧夏中屯，凡六衛。"《寧夏志》編纂事隸寧夏之史料，凡明朝以前者均自典籍輯錄，有明一朝之寧夏史料則多為"實錄"。如卷上《城垣》、《街坊》、《山川》、《土產》、《壇壝》、《屬城》、《古蹟》、《寺觀》、《祠廟》、《學校》、《津渡》、《陵墓》、《橋》、《園》、《壩》、《驛

[①] 參見吳忠禮《日本藏孤本明寧夏志考評》，載《寧夏志箋證·附錄》，寧夏人民出版社1996年版，第423—456頁。按：文中"栴"均誤印作"旃"。

傳》、《牧馬監苑》、《公宇》等類目的內容，均為朱㮵時期寧夏實錄，朱㮵是在做了大量的調查之後將資料編入志書中，有些事就發生在他身邊，有些事則為他身邊人所為，而與地理有關之內容他也非常熟悉。這類似"實錄"的資料實為研究明朝寧夏的不可多得的一手材料。

第三，所輯人物事蹟資料可豐富對明朝寧夏歷史人物的研究。《寧夏志》卷上《貢舉》、《人物》等類目，列舉了多位未入"正史"的明朝寧夏籍人，或在寧夏為官者，這類資料可以與其他史料相參，或可補其不足，或可糾其訛謬，或可另備一說。卷下所錄明朝寧夏歷史人物之文、詩詞，不僅可以豐富明朝藝文內容，亦為研究明朝寧夏文學史提供大量一手材料。所錄朱㮵之詩文詞，為研究朱㮵提供了不可多得的資料。同時，由於朱㮵《凝真集》、《集句閨情》等詩文集已佚，而《寧夏志》中錄有著者名為"凝真"的詩文很多，所以我們就可以借助《寧夏志》來研究已佚文獻的詩文收錄情況。

第四，行文中避當朝者諱的現象，可以從一個側面反映有明一朝宮廷內部鬥爭的激烈。《寧夏志》全志行文不提及明惠帝朱允炆"建文"年號，惟以干支紀其年，如卷上《學校》條"辛巳年革"、《公宇》條"辛巳冬渡河"、《祥異》條"巳卯歲二月"、卷下《寧夏莎羅模龍王碑記》"寔改元春正月廿五夜也"等4句中，"巳卯"當作"己卯"，"己卯歲"、"改元"均指建文元年（1399），"辛巳"即建文三年（1401）。這樣的"書法"是避當朝者永樂皇帝朱棣之諱。朱棣以"清君側"為名，代惠帝而即皇帝位，此舉頗不合封建禮法之制，故其對於朱允炆之事諱莫如深。朱㮵作為皇室一員，對此自然心知肚明，所以行文中不言"建文"年號，用意是非常明顯的。

第五，《寧夏志》所錄西夏史料，為研究明朝西夏文獻提供了寶貴的一手資料。

寧夏在明朝屬於九邊重鎮之一，地理位置非常重要。兩宋時期，寧夏曾是西夏國的統治中心區域，所以修寧夏方志，就不能回避西夏統治過的這段歷史。朱㮵修寧夏志書時就注意到了寧夏歷史上的這段西夏時期，從相關文獻中輯錄了一批西夏史料編入《寧夏志》中。《寧夏志》卷上《沿革》介紹了寧夏自秦至明朝洪武九年（1376）的建置沿革之大概，述及"唐末，拓跋思恭鎮夏州，世有其地。宋天禧間，傳至九世孫德明，以懷遠鎮為興州居之，即今之軍城也。後升為興慶府，又改中興府。宋為境外"。《風俗》中引《金史·西夏傳》中的"贊曰"來說明西夏故地的寧夏人"民俗強梗尚氣，重然諾，敢戰鬥"。《山川》首述賀蘭山，言及"山多松，堪棟梁之用，夏城官私廬舍咸賴以用"。《古蹟》提到了朱栴時代尚存的西夏遺蹟，有保靜城、元昊宮室、文殊殿、李王避暑宮等。《寺觀》提到"夏時舊寺"承天寺，還提及在承天寺"草間得一斷碑"，殘存的《承天寺碑記》碑文錄在本書卷下，碑文為考證承天寺的修建提供了重要的史料。另外還提及"元昊時寺"高臺寺。《名僧》提到西夏時期的兩位僧人永濟尚師和黑禪和尚。《河渠》提到了一幅與西夏故地相關的《西夏河渠圖》，朱栴引《元史》卷五《世祖本紀》的記載，至元元年"五月乙亥，詔遣唆脫顏、郭守敬行視西夏河渠，俾具圖來上"①。西夏被元所滅，《元史》卷六〇《地理志》"寧夏府路"條載："至元八年，立西夏中興等路行尚書省。"② 郭守敬等人獻上的《西夏河渠圖》由於是實地勘察後繪製的，所以史料價值還是較高的，惜其不傳於今。《人物》提及了一位重要的西夏遺民高智耀。《元史》卷一二五《高智耀傳》載："高智耀，河西人，世仕夏國。曾祖逸，大都督府尹；祖良惠，右丞相。智耀登本國進士第，夏亡，隱賀蘭山。太宗訪求河西故家子孫之賢者，衆以智耀對，召見將用之，遽辭歸。"③《塩池》提及明朝寧夏境內塩池所在方位，並述及西夏請售青、白塩事，與《宋史·食貨志》文字有異。《屯田》述及元朝設置的"西夏中興等路行尚書省"的屯田情況，為了解西夏亡國後，西夏國遺民在其故地的生產和生活情況提供了材料。

《寧夏志》卷上《雜志》是西夏專題部分，朱栴試圖考證西夏立國始末，從唐太宗貞觀三年（629）拓跋氏降唐述起，迄於西夏末主睍亡。敍述文字非常簡單，繼遷、元昊事稍詳，餘皆寥寥數語表過，且敍述缺乏章法。如元昊事後又從仁福通契丹事述起，敍至繼捧被授彰德軍節度、賜姓趙名保忠，接下來又概括元昊至睍等夏國十主的在位年數、改元情況、諡號、廟號、墓名。此亦表明，朱栴的《寧夏志》沒有經過最後的潤色定稿。儘管朱栴記述內容不出《宋史·夏國傳》所記，且敍述無章法，但

---

① （明）宋濂等：《元史》，中華書局1976年版，第1冊第97頁。按：五月，朱栴原誤引作"正月"；"具"，朱栴原誤引作"其"。
② 同上書，第5冊第1451頁。
③ 同上書，第10冊第3072頁。

他為西夏國設專題的做法卻意義重大。在此前的明朝文獻中還沒有對西夏歷史進行係統的專題總結者，朱栴首開此例，雖然成果不能令人滿意，但為以後修寧夏方志提供了借鑒。

《寧夏志》卷下《文》收錄有4篇與西夏相關的文章，其中范仲淹《答趙元昊書》見載於《范文正公集》卷九等典籍，虞集《故西夏相斡公畫像贊》最早見於《道園學古錄》卷四，朱栴移錄時這兩篇文章時有脫漏。最值得一提的是，朱栴在寧夏志書中首次收錄《夏國皇太后新建承天寺瘞佛頂骨舍利軌》（又名《承天寺碑記》）和《大夏國葬舍利碣銘》，這兩篇文獻在現存的其他各種寧夏通志中基本都有收錄。《承天寺碑記》對研究西夏承天寺營建史及西夏宗教保存了珍貴的資料，而《大夏國葬舍利碣銘》的史料價值更高，尤其所錄碣陰刻"尚書右僕射、中書侍郎平章事、監葬舍利臣劉仁勖，都大勾當、修塔司同監葬舍利、講經論沙門事臣定惠"句是其他寧夏志書中缺錄的。此條資料中提到的劉仁勖在《宋史·夏國傳》、《遼史·西夏外記》中都有記載，他屢次代表西夏出使宋、契丹，是元昊的重臣，首先據此可糾正碣銘中"天慶"為"大慶"之誤。"大慶"是元昊的年號，而"天慶"則是元昊立國後西夏第六代國主純佑的年號。[①] 另外，史書記載中劉仁勖官職不詳，此碣陰資料正可補史之闕，說明劉仁勖與張陟同為元昊王朝宰相級重臣。[②] "定惠"之名僅見於此碣銘，這為研究西夏僧人又提供了一條新線索。《題詠》部分收錄了26首與西夏故地相關的詩歌，其詩對研究西夏也不乏參考價值，這些詩包括宋人張舜民的《西征》，凝真的《西夏八景圖詩》序和詩，八景圖詩題分別為《賀蘭晴雪》、《漢渠春漲》、《月湖夕照》、《黃沙古渡》、《靈武秋風》、《黑水故城》、《官橋柳色》、《梵剎鐘聲》。所錄陳德武的八景詩，詩題與朱栴的一樣，只是次序不同。最後還錄有王遜的《舊西夏八景》詩8首，詩題分別是《夏宮秋草》、《漢渠春水》、《賀蘭晴雪》、《良田晚照》、《長塔鐘聲》、《官橋柳色》、《黑水故城》、《黃沙古渡》。從這些詩歌中，我們還可依稀想見明朝時期景色秀美的寧夏山川，同時也可以感受到西夏歷史的滄桑。

---

① 參見牛達生《〈嘉靖寧夏新志〉中的兩篇西夏佚文》，載《寧夏大學學報》1980年第4期，第44—49頁。

② 參見牛達生《夏初三朝元老劉仁勖》，載《西夏研究》2010年第2期，第11—14頁。

朱栴在敍事中不忘寧夏是西夏故地這一歷史事實，多處提到與西夏相關的史事，甚至在《雜志》部分開始系統整理西夏歷史，這些都被其後編修寧夏方志者所繼承並發揚。如胡汝礪編修（弘治）《寧夏新志》時作《拓跋夏考證》，專考西夏歷史，顯然是受了朱栴的啟發和影響。另外有些材料是直接將《寧夏志》中材料稍作刪改後就移錄到自己編修的志書中，如兩志在《古蹟》中均記了李元昊的避暑宮。《寧夏志》卷上載："李王避暑宮，在賀蘭山拜寺口南山之巔極高處。宮牆尚存，構木為台，年深崩摧。洪武間，朽木中鐵釘長一二尺者往往有之，人時有拾得者。"介紹了宮殿建築的方位、所用材料以及在明朝的遺存情況。胡汝礪對此條史料略加刪改，在（弘治）《寧夏新志》卷一《寧夏總鎮·古蹟》中這樣記載："避暑宮，賀蘭山拜寺口南山之巔。偽夏元昊建此避暑，遺址尚存。人於朽木中嘗有拾鐵釘長一二尺者。"① 後者的記述顯然沒有前者的內容豐富。再如（弘治）《寧夏新志》卷二《仙釋》共載張秋童、海珠和尚及西夏名僧永濟尚師、黑禪和尚等四人事，其載西夏僧人事曰："永濟尚師，河西人。通五學，為西夏釋氏之定，稱為祖師。黑禪和尚，河西人。通禪觀之學，年六十餘，先知死期，至日坐滅。"② 《寧夏志》卷上《名僧》中僅錄兩位西夏僧人事曰："永濟尚師，河西人。通三學，為西夏釋氏之宗，稱為'祖師馬'。修建華嚴、齋會科儀，僧徒至今遵而行之。黑禪和尚，河西人。深通禪觀之學。年六十餘示微疾，先知死期，至日坐化。"③ 前者顯然襲自後者，且內容不如後者豐富。另外（弘治）《寧夏新志》"釋氏之定"疑為"釋氏之宗"之誤，"定"、"宗"二字形近而誤；"五學"疑為"三學"之誤，因為三學是佛教修行的總稱，包括戒學、定學和慧學。用戒止惡修善，用定息慮澄心，用慧破惑證道，三者有相互不離的關係。"五學"之說不知何據。因此，朱栴《寧夏志》所提供的西夏史料，是我們今天治西夏學應該重視的。

---

① （明）胡汝礪：《弘治寧夏新志》，載《天一閣藏明代方志選刊續編》第72冊，據明朝弘治刻本影印，上海書店1990年版，第245—246頁。
② 同上書，第317頁。
③ 吳忠禮：《寧夏志箋證》，（明）朱栴撰修，寧夏人民出版社1996年版，第176頁。按：祖師馬，原誤作"祖師焉"，據日本藏本改。標點亦未盡從箋證本。

校注說明

一　本書主要以標點、校勘、注釋等方式對（正統）《寧夏志》進行整理，以明萬曆二十九年（1601）重刻本（日本國立國會圖書館藏）為底本，以上海書店1990年版《天一閣藏明代方志選刊續編》影印明朝弘治刻本《寧夏新志》、上海古籍書店1961年版《天一閣藏明代方志選刊》影印明朝嘉靖刻本《寧夏新志》等為對校本，部分整理成果參考寧夏人民出版社1996年版吳忠禮著《寧夏志箋證》。

二　整理成果以繁體橫排形式出版。校勘和注釋條目均以當頁腳注形式注明，用圈碼①、②、③之類排序，圈碼均放在表示停頓的標點符號之後右上角。正文或腳注中以"□"符號表示原本漫漶不清或破損的文字，一個"□"符號代表一個字；原本缺漏內容較多者腳註說明，並以"……"符號標明；正文中以"〔　〕"符號括注的文字，均係整理者增加。

三　以"［校］"字樣當頁腳注校勘成果。校勘以校異文為主，酌校內容異同。因用字習慣不同而出現人名、地名、族名等同名異寫現象，均出校說明。底本或對校本中存在明顯的誤、脫、衍、倒等現象，於正文中校改後出校說明。雖有異文但意可兩通者，不改正文，僅在校記中說明。除特殊需要外，校本有誤，一般不出校。

四　《寧夏志》在刊刻時明顯誤刻之字，如"己""巳"誤作"已"，"戌"誤作"戍"，等等，校勘時徑改，不一一出校說明。底本用字中存在的異體字、俗體字、通假字、古今字等現象，如"囬廻廽迴"、"舘館"、"甿畎"、"煙烟"之類，一律不出校說明其字形相異。某些不規範的異體字、俗體字、古今字等，或前後用字不一者，均按出版要求適當統改成規範、統一的字體，不出校記。《寧夏志》轉引他書文字內容，引文若與該書通行版本文字不同，除引文確實有誤，如誤錄人名、地名、時間等需要出校說明外，凡不影響文意理解者一般不改動引文。

　　五　當頁腳注徑出注釋條目。注釋內容主要包括：原文易致惑者（如文獻簡稱或省稱、干支紀年等）、原文提及的詩文或史料出處、原文體例中資料互見者、整理者對輯補史料的出處說明和整理者的補充文字等。

　　六　腳注中，凡言"本志"者，均指（正統）《寧夏志》。凡言"本志書例"者，均指《寧夏志》編修體例。徵引文獻之版本，凡"中華書局點校本"簡稱"中華本"，"文淵閣《四庫全書》本"簡稱"《四庫》本"。書名較長者沿用習慣簡稱，具體簡稱參見《參考文獻》。

　　七　腳注中，凡引古代文獻，均只注明書名、卷次、篇名等，其作者、版本等詳見《參考文獻·古代文獻》。凡引現當代文獻，均只注明作者、書名或論文篇名、頁碼等，其出版社、刊物名稱、發表時間等詳見《參考文獻·現當代文獻》。若被引用古代文獻已有整理成果，一般直接吸收其合理意見，不再重複敍述校注理由，注明"參見××"字樣。注明引文出處、他校資料或他人校勘、考證成果，亦注明"參見××"字樣。

　　八　《參考文獻》分《古代文獻》和《現當代文獻》分別著錄。其中，《古代文獻》分陝甘寧舊志、經部、史部、子部、集部等五類著錄，《現當代文獻》分著作、論文兩類著錄。

　　九　天津古籍出版社1988年版《寧夏歷代方志萃編》據複印本影印日本藏明萬曆二十九年（1601）重刻本《寧夏志》，然影印效果不佳。茲重新影印，附於書末，以便研究利用。

重刻寧夏志序

　　寧夏，故唐懷遠鎮也。唐末，拓拔思恭世有其地。迨元至元，立寧夏中興等路。① 我高皇帝汎掃胡元，洪武丙辰，② 立衛繕城，比鄰夷虜僅僅隔一黄河，朔方要地，捍禦孔艱。予始祖靖王初封弘化，已而移寧夏。覯茲勝槩，乃旁稽博采，凡典籍中事隷寧夏者，編集為志。誠哉！約而達，微而臧，宇內稱郡邑志者，咸推轂焉。頃者壬辰，③ 予方煢煢在疚，逆賊殘劫帑藏，書櫝蕩然無餘。予今舞象，搜攜宗器，適曾史以舊志請於予，④ 實契予心，遂付剞劂，以永其傳。嗟夫！我靖祖以帝室胄子，孜孜勤學，寒暑不輟，且忘其王公軒冕之貴躬，為韋布操觚之士，亦難矣哉。若夫圖步芳躅，勉繩祖武，予未之逮也，而有志焉。梓竣，敬綴數言以紀之。

　　萬曆二十九年，歲次辛丑，孟秋上澣之吉，八世孫永齋序。⑤

---

　　① 《元史》卷六〇《地理志》載："元至元二十五年，置寧夏路總管府。至元八年，立西夏中興等路行尚書省。元貞元年，革寧夏路行中書省，併其事於甘肅行省。"
　　② 洪武丙辰：明太祖朱元璋洪武九年（1376）。
　　③ 壬辰：明神宗朱翊鈞萬曆二十年（1592）。
　　④ 曾史：不詳其人。
　　⑤ ［校］八世孫：疑當作"九世孫"。參見吳忠禮《日本藏孤本明寧夏志考評》，載《寧夏志箋證・附錄》，第444—446頁。

寧夏志目録

卷上

沿革	分野	風俗	疆域①	城垣	街坊	山川
土産	土貢	壇壝	屬城	古跡	寺觀	祠廟
學校	貢舉	人物	孝行	名宦	名僧	死王事
津渡	陵墓	橋	園	壩	河渠	塩池
屯田	職官	驛傳	牧馬監苑②	公宇	祥異	雜誌

卷下

文　題詠　詞

---

① ［校］疆域：原作"疆場"，據正文類目名稱及實際内容改。
② ［校］監：原作"塩"，據實際職官名稱改。

寧夏志卷上

沿革①

寧夏，本古戎狄地也。秦屬北地郡。漢為富平縣地。後周為懷遠郡。隋開皇三年，郡廢，屬靈州。唐立豐州，武德六年廢省，九原、永豐二縣入懷遠，天寶間隸靈州為屬縣。唐末，拓跋思恭鎮夏州，②世有其地。宋天禧間，傳至九世孫德明，③以懷遠鎮為興州居之，即今之軍城也。後升為興慶府，又改中興府，宋為境外。元至元八年，立西夏中興等路行尚書省。④至元二十五年，置寧夏路總管府。元貞元年，革行省，并其事於甘肅行省。元末，復置行省。

國朝初，立寧夏府。⑤洪武五年，詔棄其地，徙其民於陝西。至洪武九年，⑥復命長興侯耿炳文、弟耿忠為寧夏衛指揮，率謫戍之人及延安、慶陽騎士立寧夏衛，繕城郭以守之。此沿革之大槩也。緣火之後，圖經散失無存，是以不得詳考焉。

---

① 本志對寧夏洪武九年（1376）以前的沿革只述其大概，考證與敘述存在諸多問題甚至錯誤，詳見吳忠禮《寧夏志箋證》，第2—14頁26條《箋證》。
② 唐朝夏州之轄境與今寧夏無關，明清史籍特別是寧夏舊志均言唐朝之夏州轄今寧夏地，蓋襲《元史》卷六〇《地理志》之誤。參見吳忠禮《寧夏志箋證》，第4—5頁《箋證》[七]。
③ [校]九世孫：《弘治寧志》卷一《寧夏總鎮·沿革》作"五世孫"，疑是。據新舊《五代史》、《資治通鑒》、《長編》、《宋史》及內蒙古烏審旗出土的五代至北宋夏州拓跋部李氏家族墓志銘等文獻記載，拓跋思恭始，其弟思忠為李繼遷之高祖，仁顏為繼遷曾祖，彝景為繼遷祖父，光儼為繼遷父，德明為繼遷子，恰爲思恭第五世孫。
④ [校]西夏：原作"寧夏"，據《元史》卷七《世祖本紀》、卷六〇《地理志》改。
⑤ 《明史》卷四二《地理志》載，寧夏衛於"洪武三年，為府"。
⑥ 《明史》卷四二《地理志》載，洪武二十六年（1393）七月置立寧夏衛，與本志載洪武九年（1376）置立寧夏衛之時間有異。《明史》有誤。參見吳忠禮《寧夏志箋證》，第13頁《箋證》[二四]。

分野

《唐·天文志》：① 東井、輿鬼，鶉首也。自漢三輔及北地、上郡，② 西自隴坻至河右，③ 西南盡巴蜀、漢中之地，皆秦分。

《國朝清類天文分野之書》：④ 井、鬼在未，自井九度至柳三度，⑤ 屬秦分雍州。西夏之西偏，秦鳳之西北，西川之西，并其西南諸夷之地，皆秦分也。寧夏，《禹貢》雍州之域，⑥ 井、鬼之分也。

風俗

其土居人性勇，⑦ 銳於戰鬭，善畜牧，然甚崇敬釋氏，重巫覡。《金史》"夏國贊"亦曰：⑧ "民俗彊梗尚氣，⑨ 重然諾，敢戰鬭。"今之居此土，有仕宦者、征戍者，有謫戍者，齊、楚、吳、越、秦、晉之人皆有之，是故風俗不純，難以一而言也。《長安志》曰：⑩ 五方錯雜，⑪ 風俗不純。亦猶是矣。

疆域

至南京六十驛，至北京六十驛，至陝西布政司一十九驛。

東至延安界倒塔兒，南至平涼界白崖子，西出賀蘭山接沙漠之地，北

---

① 參見《新唐書》卷三一《天文志》。

② [校] 上郡：《新唐書》卷三一《天文志》、《舊唐書》卷三六《天文志》此二字下有"安定"二字。

③ [校] 河右：《舊唐書》卷三六《天文志》作"河西"。

④ 《國朝清類天文分野之書》又名《大明清類天文分野之書》，明朝劉基等撰，共24卷。下段引文參見該書卷十三《秦分野》。

⑤ [校] 九度：《漢書》卷二八下《地理志》作"十度"。

⑥ 參見《尚書·夏書·禹貢》。

⑦ [校] 其土：此二字前原有"風俗"二字，因類目名稱而衍，據本志書例刪。

⑧ 參見《金史》卷一三四《西夏傳》"贊曰"。

⑨ [校] 彊：原作"疆"，據《金史》卷一三四《西夏傳》改。

⑩ 參見《長安志》卷一《風俗》。

⑪ [校] 錯雜：《長安志》卷一《風俗》作"雜錯"。

亦地連沙漠。東南至慶陽界清平關，西南至涼州界大沙子，東北至東勝，西北至亦集乃。

城垣

《博物志》：① 禹始作城，強者攻，弱者守，城郭自禹始。《記·禮運》：② 城郭溝池以為固。《詩》：③ 無俾城壞。《出車》之詩：④ 王命南仲，城彼朔方。城為保民為之也。

舊城未知築自何代，週回十八餘里，東西長倍於南北，相傳以為"人"形。元末，寇賊侵擾，人不安居。哈耳把台糸政以其難守，棄其半，⑤ 修築其東偏，今之城是也。週回九里餘，之門有四：⑥ 東曰清和，南曰南薰，西曰鎮遠，北曰德勝。

街坊

熙春、泰和、咸寧、里仁、南薰、平善、蘭山、感應、清寧、修文、廣和、肅政、樂善、景福、積善、衆安、寧朔、永康、崇義、鎮安、澄清、效忠、遵化。

山川

賀蘭山，在城西六十里。南接莎羅模山、靈武口，東北至大河之濱，巍然屹立，丹崖峭壁，翠峰森列，峻極於天。山路險惡，羊腸縈回，真邊場之金城也。山多松，堪棟梁之用，夏城官私廬舍咸賴以用。產鉛、礬。藥則荊芥、黃芩、甘草、苁蓉、枸杞、麻黃。

麥垛山，在大河東，產鐵。

---

① 參見《博物志校證》卷八《史補》。
② 參見《禮記·禮運第九》。
③ 參見《詩經·大雅·板》。
④ 參見《詩經·小雅·出車》。
⑤ [校] 半：《弘治寧志》卷一《寧夏總鎮·城池》作"西半"。
⑥ [校] 之：原作"之之"，上一"之"字疑為衍文，據文意刪。

金積山，黃河東。

觀音山，黃河西。

峽口山，上有古塔一百八座。

快活林，居城西四十餘里，豐水草，可畜牧。

黃河，自崑崙而來，不知其幾千百里。由蘭州北來，兩岸皆崇崖峭壁，河流甚狹，水亦湍。駛放木筏者，一日可行二百餘里，以其流急也。至應理州，則河流平緩，可作渠以灌溉矣，是以寧夏居人及軍屯咸賴灌溉之力。自賀蘭山東北滔滔而下，經東勝而過，復入中國，由綏德而南注矣。

莎羅模山，其下有泉，泉傍有龍祠，在城西南一百餘里，賀蘭山東靈武口。水自地湧出，土人傳以為龍神兄弟三人居此，長則莎羅模，次則祈答剌模，季則石哈剌模也。① 旱則禱雨有應。予嘗出獵，遇雲霧甚，神夢中報予以晴期，既而果然，其靈應有足可畏者，是以人皆敬事之。

清水河，居大河南，鳴沙城南，古所謂葫蘆河者是也。河流甚狹，自平涼界來，西注於大河。②

磁窑山，在今靈州東北六十餘里。昔人於此甄陶，至今猶然。

炭山，在靈州城東南五十里。

沙井，在靈州南四十餘里。

孛羅臺湖，在今靈州城南。

觀音湖，在賀蘭山大水口。

高臺寺湖。

三塔湖。

清水湖。

蠡山，在韋城西二十餘里。層巒疊嶂，蒼翠如染，以其峰如蠡山也，故謂之蠡焉。③ 此予府長史劉昉名之也，山之舊名竟不知為何名也。④ 四

---

① ［校］石哈剌模：本志卷下載王遜撰《寧夏莎羅模龍王碑記》作"失哈剌模"。

② ［校］西注：疑當作"北注"。參見吳忠禮《寧夏志箋證》，第56頁《箋證》［二九］。

③ ［校］以其峰如蠡山也故謂之蠡焉：本句敘述疑有語病，或當作"以其峰如蠡，故謂之蠡山焉"。《弘治寧志》卷三《韋州·山川》曰，蠡山"峰巒聳翠如蠡"。參見吳忠禮《寧夏志箋證》，第59頁《箋證》［三九］。

④ 《元和郡縣圖志》卷四《關內道四·靈州》載，蠡山之舊名應曰"長樂山"、"達樂山"或"鐸落山"。參見吳忠禮《寧夏志箋證》，第59頁《箋證》［四二］。另，中華本《元和郡縣圖志》卷四《校勘記》第17條"鐸落山"曰："它本作'鐸落泉山'。"故蠡山之舊名還可能是"鐸落泉山"。

傍皆平地，屹然獨立，勢甚雄竦。木多松、檜、樺、榆、白楊。草則黃精、秦艽、大戟、知母、草血竭、黃芩、防風、遠志、黃芪，① 柴胡、升麻，皆藥之良者。山北有顯聖祠，雨暘禱之輒應，永樂間載之祀典。

狼山，在韋州城東。

小蠱山，居大蠱山之東北。②

東湖，在韋城東一里餘。

鴛鴦湖，居東湖之北三里。二湖皆予作者。

富泉，居大小蠱山之間，水甚甘冽。

三山兒，在韋城東百里，三峰列峙如指。

㮕子山，在三山南，溪澗險惡，豺虎所居，人跡罕到。

琥八山，華言"色駁雜"也。在韋城西南八十餘里。

黑鷹山、鹿山，皆近琥八山。

米鉢山、雪山、冷山，皆居大河南，近平涼、蘭縣界。

大沙子，在應理州西南。按《五代史》，③ 晉遣供奉官張匡鄴使於闐，高居誨為判官從，居誨記其往復所見山川，曰："自靈州過黃河，行三十里，始涉沙入党項界，曰細腰沙、神點沙。至三公沙，宿月支都督帳。自此沙行四百餘里，至黑堡沙。沙尤廣，遂登沙嶺。沙嶺，党項牙也。"今大沙依然，獨失此名，俗但呼為"扒里扒沙"。

啟剌八山，④ 在大河西北，連賀蘭山。

月湖。

沙湖。

巽湖。

哈剌兀速，華言"黑水"，在大河東，水西流入河。

西瓜山，在黃河東岸，極臨邊境。

滾泉，在金積山東，水自地湧出，高一二尺，如沸湯。

滴水，在滾泉東北，崖上一石板下懸，水自石中亂滴而出如雨。嘗有人見二女子於泉側白楊樹上如蹴鞦韆，就視之，則無見矣。遇天旱，禱雨輒應。

---

① [校] 黃芪：原作"黃耆"，據本志下文及藥物名稱用字改。
② [校] 東北：疑當作"東南"。參見吳忠禮《寧夏志箋證》，第60頁《箋證》[四五]。
③ 參見《新五代史》卷七四《四夷附錄第三》。
④ [校] 啟剌八山：本志卷上《寺觀》作"起剌八山"。

土產

鉛、鐵、礬、塩、碧鎮、馬牙礆。

穀
稻、穀、糜、青粱、大麥、小麥、豌豆、黑豆、緑豆、黄豆、扁豆、紅豆、胡麻、秋、青稞。

花
牡丹、芍藥、薔薇、石竹、雞冠、萱草、玉簪、菊、荷、小竹、戎葵、黄蜀葵、紅花、藍澱、椒、罌粟。

果
杏、桃、李、梨、菱、林檎、藕、含桃、蒲萄、棗、柰、秋子、胡桃、茨菰、芋、山藥。

樹
松、栢、槐、樺、椿、暖木、白楊、榆、柳、檉。

菜
芥、芹、葱、蒜、韭、胡蘿蔔、菠稜、萊菔、芫荽、萵苣、莧、甘露子、蔓菁、白菜、沙葱、沙芥、茄、西瓜、甜瓜、絲瓜、黄瓜、冬瓜、瓠、刀豆、姜豆、茶豆、薺、地椒、滑菜、白花菜。

藥
荊芥、防風、蓯蓉、枸杞、甘草、桑白皮、柴胡、黄芩、黄芪①麻黄、遠志、地骨皮、紫蘇、苦參、瞿麥、茴香、知母、牛蒡子、升麻、大戟、萹蓄、秦艽、草血竭、兔絲子、天仙子、黄精、百合、茵陳、寒水石、胡蘆巴、車前子、千金子、青木香。

---

① ［校］芪：原作"芪"，據藥物名稱用字改。

六畜

馬、駝、牛、羊、騾。

獸

虎、狼、鹿、麝、麂、艾葉豹、土豹、野馬、羱羊、青羊、野豕、夜猴兒、獺、兔、貛、狐、沙狐、野狸、熊、豺、黑鼠、黃鼠、黃羊。

禽

鶥、鷹、鵑、鷯、山雞、雞、鵝、半翅、馬雞、天鵝、鶺鶉、鸕鶿、鴈、梟、鸊鵜、鴛鴦、鸓鷚、鴨、鴒、白翎兒、鸚鵡。

魚

鯉、鯽、沙魚、鮎、白魚、蚌、鱉、石魚、泥蝦。

《遼史》載其土產，① 則有大麥、蓽豆、青稞、床子、古子蔓、鹹地蓬實、蓯蓉苗、小蕪荑、席雞草子、地黃葉、登廂草、沙蔥、野韭、拒灰藤、② 白蒿、鹹地松實。今則物產不異於南土矣。

唐夏州惟一郵有槐樹數株，塩州或要葉，行牒求之。③ 今麗景園夾道皆槐也。

土貢

禹別九州，任土作貢，其來尚矣。《周禮‧太宰》：④ 以九貢致邦國之用。貢者，下獻其土所有於上也。

唐靈州土貢：紅藍、甘草、蓯蓉、代赭、白膠、青虫、鶥、鵑、白羽、麝、野馬、鹿革、野猪黃、吉莫靴、⑤ 鞾、氈、庫利、赤樸、馬策、

---

① 參見《遼史》卷一一五《西夏記》。
② [校]藤：原作"條"，據《遼史》卷一一五《西夏記》改。
③ 夏州槐之事參見《酉陽雜俎》續集卷十《支植下》。
④ 參見《周禮‧天官冢宰‧太宰》。
⑤ [校]莫：此字原脫，據《新唐書》卷三七《地理志》補。

印塩、黃牛臆。①

塩州土貢：塩山四十顆，木瓜、犿牛。②

國朝土貢：鷹、鶻、鵰、天鵝、紅花、豹子、馬牙䃴、黑鼠皮、沙狐皮。

壇壝

韓文：③"自天子至郡邑守長通得祀，而徧天下者惟社稷與孔子焉。"④《通典》曰，⑤王者，諸侯立社稷者，為萬民求福祭也。⑥人非土不立，非穀不生。土、穀不可偏敬，故立社稷而祭焉。《禮》：⑦天子祭天下名山大川，諸侯祭名山大川之在其地者。故立山川壇以祀之。

王府、國社稷壇、山川壇俱在城外坤方。⑧社稷居山川壇東相，並永樂年建。

無祀鬼神壇在城北，洪武間建。

屬城

靈州，唐為大都督府。古為戎狄地，秦屬北地郡，二漢、魏、晉皆因之。元魏太武帝平赫連昌，置薄骨律鎮。河渚上舊是赫連果地，⑨至明帝立靈州，初治河北，後徙治果園所築城。後周立普樂郡。隋開皇三年郡

---

① 《元和郡縣圖志》卷四《關內道》載，唐靈州土貢還有紅花、野馬皮、鳥翎、鹿角膠、雜筋、麝香。

② ［校］犿牛：原作"佇牛"，據《新唐書》卷三七《地理志》改。

③ 韓文：指唐朝韓愈撰《處州孔子廟碑》。唐憲宗元和十五年（820），韓愈任袁州（今江西宜春市）刺史，为孔廟作《處州孔子廟碑》，碑文開篇云："自天子至郡邑守長通得祀，而遍天下者惟社稷与孔子焉。"

④ ［校］與孔子：此三字原脫，據韓愈《處州孔子廟碑》補。

⑤ 參見《通典》卷四五《禮·吉禮·社稷》。

⑥ ［校］祭：《通典》卷四五《禮·吉禮·社稷》作"報功"。

⑦ 參見《禮記·王制第五》。

⑧ 坤方：指西南方。

⑨ ［校］河渚上舊是赫連果地："上"原作"土"，據《輿地廣記》卷十七《陝西路化外州》"大都督府靈州"條及《通典》卷一七三、《文獻通考》卷三二二改。"果地"，《四庫》本《輿地廣記》作"杲地"，《太平寰宇記》卷三六作"果城"，《元和郡縣圖志》卷四作"果園"。

廢，大業初州廢，①立靈武郡。唐武德元年改曰靈州，天寶元年曰靈武郡，升為朔方軍節度，領縣四：曰迴樂，曰靈武，曰保静，曰懷遠，即今寧夏城是也。故城居大河南，今猶存其頹垣遺址，其西南角被河水衝激崩圮。洪武間築城於故城北十餘里。永樂間亦被河水衝圮。今之新城，宣德間陳寧陽、海太監奉旨相度地形，卜沙山西、大河東，西去故城五里餘，命平涼衛指揮鍾瑄、左屯衛指揮王剛督工築者。地土高爽，視舊為勝。洪武間置千户所守之，永樂間指揮王輔守之。

應理州，與蘭州接境，東阻大河，西據沙山。考之《圖志》，②乃唐靈武郡地。其州城未詳建立之始，元初仍立州，國朝立寧夏中衛以守之。

韋州城，週迴三里餘，居蠡山之東二十餘里，未審築自何代，名亦未詳。宋張舜民有詩曰"青銅峽裏韋州路"，③故相傳以為韋州。土堅好，城垣尚完如新。洪武癸酉，④予受命西來，居之九年。地土高涼，人少病疾，地宜畜牧。辛巳冬，⑤予來寧夏。今寧夏群牧所居之官有千百户、鎮撫、吏目，職專為予牧養羊馬。

古跡

唐定遠鎮，遺址尚存。按《圖經》，⑥南至今軍城一百里，恐今所謂"定州"者是也，今俗呼為"田州"。

高臺寺，故城尚在。聞之老者，元時呼為"下省"，今謂之"高臺寺"。

保静城，即唐之保静鎮，夏為静州，今頹垣尚存，屯軍居之。

靈武城，尚存，亦屯軍居之。

迴樂縣，按《輿地廣記》，⑦在靈州故城內。天寶末，明皇西狩，太

---

① [校]大業：原作"天業"，據隋煬帝年號用字改。
② 圖志：文獻具體名稱不詳。
③ [校]青銅峽：此同《四庫》本《東坡志林》卷四、《仇池筆記》卷下、《東原錄》作"青岡峽"。參見本志卷下《題詠·西征》。
④ 洪武癸酉：洪武二十六年（1393）。
⑤ 辛巳：明惠帝朱允炆建文三年（1401）。
⑥ 圖經：文獻具體名稱不詳。
⑦ 參見《輿地廣記》卷十七《陝西路化外州》。

子即位於靈武，是為肅宗。

省嵬故城，在河東，未詳建立之始。

忻都故城，尚在，土堅好，相傳以為赫連勃勃統萬城，恐非是。

紅城兒，在韋州南，亦未詳建立之始。

元昊宮室，遺址在西古城內。

文殊殿，在賀蘭山中二十餘里。聞之老僧，相傳元昊僭據此土之時，夢文殊菩薩乘獅子現於山中，因建殿宇，繪塑其相。畫工屢為之，皆莫能得其彷彿。一旦，工人咸飯於別室，留一小者守視之，忽見一老者鬚鬢蟠然，徑至殿中，聚諸彩色於一器中，潑之壁間，金碧輝煥，儼然文殊乘獅子相。元昊觀之，喜甚，恭敬作禮，真夢中所見之相也，於是人皆崇敬。逮至元時，香火猶盛，勅修殿宇，每歲以七月十五日，傾城之人及鄰近郡邑之人詣殿供齋、禮拜。今則兵火之後，焚毀蕩盡。

青銅峽，疑今之峽口是也。《水經》曰"上河峽"。①

天都山，今易其名，未知孰是，疑即今米鉢山是也。

鳴沙州。隋置環州，立鳴沙縣。唐革州，以縣隸靈州。宋沒於夏國。元初立鳴沙州。今但空城耳。

李王避暑宮，在賀蘭山拜寺口南山之巔極高處，宮牆尚存，構木為臺，年深崩摧。洪武間，朽木中鐵釘長一二尺者徃徃有之，人時有拾得者。

寺觀

《事物紀原》：②漢明帝時，攝摩騰、竺法蘭自西域以白馬馱經來，初上鴻臚寺，③遂取寺名，置白馬寺，即僧寺之始也。仙人好棲居"觀"者，於上觀望也，故道家之祠宇亦謂之"觀"。

三清觀，居城外巽方，④予因病而建立者。永樂間，上聞於朝，長陵恩旨，度道士周晨輝等居之，以奉香火。

---

① 《水經注》卷三《河水》載："河水又北過北地富平縣西，河側有兩山相對，水出其間，即上河峽也，世謂之為青山峽。"《水經注集釋訂訛》卷三載，上河峽"即寧夏衛西南一百四十里峽口山是"。

② 參見《事物紀原》卷七《白馬寺》。

③ ［校］上：原作"正"，據《事物紀原》卷七《白馬寺》改。

④ 巽方：指東南方。

真武堂，在南薰坊東。洪武間，儒者阮彧素崇道教，其化緣所建，後復頹圮。宣德間，予為復修葺之。

承天寺，在西古城內，夏時舊寺也。兵火後，殿宇焚毀無遺，獨一塔巍然獨存。草間得一斷碑，方知其建立之始。予命修之，今香火亦盛。

報恩寺，在城內西南，元舊寺也。洪武間，僧慧護等重修，香火亦盛。

國朝立僧會司。①

興教寺，古彌陀寺也。洪武間，僧掭本即重修。永樂間，奉勅改今名。在黃河南，今靈州城西。

石佛寺，古勝佛寺也。洪武間，僧胥居耳著重修，在興教寺東，古靈州城上。

回紇禮拜寺，② 永樂間御馬少監者哈孫所建。

黑寶塔寺，舊址在城外，教場西北。

牛頭寺，金積山上。

劉覩耳密寺，黃河西峽口山上。

金寶塔寺，金積山東。

石空寺，應理州北。

弩兀剌寺，在起剌八山東，元廢寺也。

高臺寺，居城東十五里大河之濱，元昊時寺也。兵燹之後，獨荒基廢礎尚存。宣德七年，番僧捨剌藏卜施財，募工復營構之。地勢崇高，登此以眺，極山河之偉觀。寧夏山川險易之形勢，舉目可以盡矣。

祠廟

王府旗纛廟，在城外山川壇西。

城隍廟，在城內西北，寧夏衛指揮寶政洪武間建。神嘗入夢，報予福善禍媱之報，其聰明、正直、靈應，誠可畏敬也。

三官廟、真武廟，韋州城東。

漢壽亭侯、二郎、威光三殿，俱前元時建，兵火後未經焚毀，至今尚

---

① 《明太祖實錄》卷二二九載，洪武二十六年（1393）九月甲辰，設寧夏僧會司。
② ［校］紇：原作"訖"，據族名用字改。回紇，中國古代少數民族之一。

存。"威光"不審為何神，恐此間之土神。

學校

古之教者，家有塾，黨有庠，術有序，國有學。《孟子》曰：① 三代之學，皆所以明人倫也。唐太宗詔屯營飛騎，亦給博士使授以經。寧夏為窮邊裔，土無居民，獨屯戍之軍也。洪武間亦立學以教之，辛巳年革，②永樂間復立之。聖人教人，雖武夫、健卒，不獨使之演習弓馬，亦必令其讀書，俾知人倫五常之道，良有旨哉。唐章碣題《焚書坑》詩曰：③ "坑灰未冷山東亂，劉項原來不讀書。"

寧夏等衛儒學，洪武間立為寧夏中屯等衛儒學，④ 辛巳年革。永樂元年，復立為寧夏等衛儒學。⑤ 設教授一員，教訓官軍子弟。

貢舉

古者天子之制，諸侯歲獻貢士於天子，天子試之，此科舉之始也。進士之科，始於隋大業間，盛於唐。李肇曰：⑥ "進士為時所尚久矣，是故俊乂由此出者，終身為文人。"⑦《唐·選舉志》：⑧ "進士方其取以詞章，

---

① 參見《孟子·滕文公上》。

② 辛巳年：洪武三十四年即建文三年（1401）。

③ 《才調集》卷八錄章碣《焚書坑》詩曰："竹帛煙銷帝業虛，關河空鎖祖龍居。坑灰未冷山東亂，劉項元來不讀書。"

④ 《弘治寧志》卷一、《嘉靖寧志》卷一《寧夏總鎮·學校》及《朔方新志》卷二《內治·學校》、《康熙陝志》卷七《學校》等載，明洪武二十九年（1396），鎮人朱真奏設寧夏衛儒學。又，"朱真"，《弘治寧志》卷一作"朱貞"。

⑤ 吳忠禮據《明太祖實錄》、《明太宗實錄》等文獻考證認為，寧夏儒學當設立於明太祖洪武二十八年（1395），無其他文獻記載明惠帝建文三年（1401）廢除寧夏儒學事，明成祖永樂四年（1406）改"寧夏中屯等衛儒學"為"寧夏等衛儒學"。其他寧夏舊志載寧夏儒學興廢時間均襲本志誤說。參見吳忠禮《寧夏志箋證》，第125頁《箋證》[二一]。

⑥ 參見《唐國史補》卷下。

⑦ [校] 文人：本志同《唐摭言》卷一、《事物紀原》卷三、《文獻通考》卷二九《選舉考》、《說郛》卷三五上、《太平廣記》卷一七八《貢舉》、《天中記》卷三八、《唐國史補》卷下、《唐語林》卷二、《類說》卷三四、《太平御覽》卷六二九《治道部》等均作"聞人"。

⑧ 參見《新唐書》卷四四《選舉志》。

若浮文而少實。及其臨事設施,奮其事業,隱然為國名臣,不可勝數。"今之居三孤六卿翰苑者,皆亦由此科以進,咸稱名臣矣。

〔進士〕
徐琦,永樂乙未進士。① 博學多才,聲稱籍甚,由行人陞兵部侍郎。
曹衡,永樂乙未進士。由行人陞胡廣寶慶府知府。
朱孟德,永樂戊戌進士。② 任鄭王府審理。

鄉貢中式舉人
陳純,永樂十五年。
韓忠,③ 永樂二十一年。
王玉,永樂十八年。④
吳能,⑤ 永樂二十一年。
宋儒,宣德七年。

人物

元

高智耀,寧夏人,⑥ 世仕夏國。智耀登本國進士第。夏亡,隱賀蘭山,元太宗訪求得之。至元五年,擢為西夏中興等路提刑按察使。
沙覽答里,⑦ 河西人,姓路氏,仕元至丞相、南臺御史大夫。
論卜,河西人,仕元至司徒平章。元末守寧夏。

---

① 永樂乙未:明成祖朱棣永樂十三年(1415)。
② 永樂戊戌:永樂十六年(1418)。
③ [校] 韓忠:原作"韓中",據《明英宗實錄》卷二七三、《弘治寧志》卷二《人物·國朝·科目》、《嘉靖陝志》卷三一《文獻十九·寧夏衛》改。
④ [校] 十八年:原作"十九年",據《弘治寧志》卷二《人物·國朝·科目》、《嘉靖陝志》卷三一《文獻十九·寧夏衛》、《朔方新志》卷三《夏鎮科貢表》改。
⑤ [校] 吳能:原作"胡能",據《弘治寧志》卷二《人物·國朝·科目》、《嘉靖陝志》卷三一《文獻十九·鄉賢·寧夏衛》、《朔方新志》卷三《夏鎮科貢表》、《寧夏府志》卷十四《科貢》改。
⑥ [校] 寧夏人:《元史》卷一二五《高智耀傳》作"河西人"。
⑦ [校] 沙覽答里:《元史》卷一一三《宰相年表》作"沙藍答里"。

也速迭兒，河西人，仕元至廉訪使。

福壽，河西人，仕元至南臺御史大夫。

納速耳丁，先世回紇人，居寧夏，仕元至廉訪使。

國朝

馮答蘭帖木，① 河西人。父臧卜，仕元至國公，② 來降，居靈州，卒。答蘭以軍功仕至都指揮。

孝行

《詩·凱風》：③"美孝子也。"經曰：④ 夫孝，天之經，地之義，人之行也。昔曾〔子〕、閔〔子騫〕之孝，簡冊書之，千載如新。然則今之有孝行者，可不書之以勸於人乎？

唐侯知道、程俱羅，皆靈武人也。有孝行，李華有《贊》。⑤

國朝人王綱，字子紋，⑥ 前驃騎將軍、浙江都指揮使成之子，明威將軍、僉寧夏衛指揮事綸之弟。母喪廬墓，足不履城郭者三年，有司以聞。宣德年間，奉旨旌表為"孝子之門"。

名宦

元

張文謙，邢州沙河人。⑦ 至元間，以中書左丞行省西夏中興等路。羌

---

① ［校］馮答蘭帖木：《明太宗實錄》卷一一七作"馮答蘭帖木兒"。

② ［校］父臧卜仕元至國公：吳忠禮據《明太宗實錄》卷九三至九五、《明史》卷一四五《陳懋傳》等文獻考證認為，本志載"臧卜"即"昝卜"，"仕元至國公"顯誤。參見吳忠禮《寧夏志箋證》，第139頁《箋證》［十五］。

③ ［校］凱風：原作"蓼莪"。《毛詩正義》卷二載，《國風·邶》之《凱風》，美孝子也。同書卷十三載，《小雅》之《蓼莪》，刺幽王也。本志所注《詩經》篇名有誤，據改。

④ 《孝經·三才章》："子曰：夫孝，天之經也，地之義也，民之行也。"

⑤ 參見本志卷下《文》載李華撰《二孝贊并序》。

⑥ 子紋：《嘉靖陝志》卷三一《文獻十九·鄉賢·寧夏衛》同此，《弘治寧志》卷二、《嘉靖寧志》卷二、《朔方新志》卷三均作"子文"。

⑦ ［校］邢州：原作"刑州"，據《元史》卷一五七《張文謙傳》改。

俗鄙野，事無統紀，文謙得蜀士陷於俘虜者五六人，理而出之，使習吏事，旬月間簿書有品式，子弟亦知讀書，①俗為一變。浚唐來、漢延二渠，溉田十數萬頃，②人蒙其利。

郭守敬，邢臺人。以河渠副使、加銀符，從張文謙行省西夏。先是，古渠在中興者，一名唐來，長四百里，一名漢延，長二百五十里。他州正渠十，皆長二百里。支渠大小六十八，灌田九萬餘頃。兵亂以來，廢壞淤淺，守敬更立堨堰，皆復其舊。

國朝

總戎鎮守者

西平侯沐英。洪武十三年，③偽知院饔沮、④脫火赤聚眾山後，出沒不常，侵擾疆場。奉命總兵自靈武口出，與戰，擒之以歸，邊人始安。

安遠侯柳升。永樂九年，以平羌將軍總戎鎮守於此。為人沈靜、忠直。平居以仁恕，接物遇事則果斷剛決。人懷其惠，服其威，無有敢犯之者。幼從太宗皇帝征伐，曉暢軍事，處大事不動聲色，有古良將之風。辛卯，⑤河南胡寇之變，⑥軍旅繁興，羽檄交至，處之如平日，不為驚張，邊人賴之以安。古之稱良將能清、能靜、能平、能整，於柳平羌見之矣。

寧陽侯陳懋。宣德間，⑦以太保、征西將軍守寧夏。幼從太宗皇帝征

---

① ［校］子弟：原作"子孫"，據《元史》卷一五七《張文謙傳》改。
② ［校］十數萬頃：此同《元史》卷一五七《張文謙傳》。"頃"疑當作"畝"，參見吳忠禮《寧夏志箋證》，第153頁《箋證》［六］。
③ ［校］洪武十三年：原作"洪武初"，據《明太祖實錄》卷一三〇、《明史》卷一二六《沐英傳》等改。按：洪武十三年（1380）戰事，參見《明太祖實錄》卷一三〇"洪武十三年三月壬子"條、卷二一八"洪武二十五年六月丁卯"條、卷二四五"洪武二十九年四月"條。
④ ［校］饔沮：《明太祖實錄》卷二一八、卷二四五，《明史》卷一二六《沐英傳》均作"愛足"。
⑤ 辛卯：永樂九年（1411）。
⑥ ［校］河南：疑當作"河東"。參見吳忠禮《寧夏志箋證》，第157頁《箋證》［二十］。
⑦ 《明史》卷一四五《陳亨傳附陳懋傳》載，陳懋於永樂六年（1408）三月即"佩征西將軍印，鎮寧夏"，洪熙元年（1425）加太保。《明宣宗實錄》卷二二載，宣德元年（1426）十月乙酉，命太保寧陽侯陳懋佩征西將軍印充總兵官，鎮寧夏。

伐，以忠勤、驍勇稱。居邊者十餘年，剛決果斷，下不敢欺。永樂己丑，①胡酋有款塞降而復叛者，親率軍剿捕之。人咸服其武勇，亦守邊之良將也。

保定伯梁銘。洪熙間，以都督為征西叅將鎮守於此。②智勇兼備，常從仁宗皇帝居守，悉其忠勤、智勇，加以保定伯爵。居邊一年餘，風塵不驚，不作苛細之事以擾人，邊人樂之。

都督陳懷，奉天征討之功臣。洪熙初元，③命為征西叅將，曉暢軍旅之事。宣德間，④復命總兵徃征松潘，⑤因留鎮於蜀。

都督丁信。永樂奉天靖難勳臣之子，以忠勤、勇略、幹濟稱。俾鎮浙江，為都指揮。復以薦者陞都督，命統軍於甘、涼等處，以遏胡寇。正統元年，因寧夏邊防失守，致胡寇侵軼，勅命為征西叅將、總兵鎮守。勤於邊防之事，為政不苛，不通賄賂，不為勞役無益之事，軍士以安。

都督鎮守者

胡原，以都督守寧夏，⑥為人性質直，忠勤可嘉，凡事循理而行。長陵嘗寵眷之。

馬鑑，任前軍都督，孝陵甚寵眷之。洪武初，命守寧夏。時邊境粗安，密邇胡寇。鑑率兵越賀蘭，至地名五井，與偽平章論卜戰，敗之，殺傷甚眾，軍聲大振，餘寇遠遁，邊人以安。

---

① ［校］己丑：原作"庚寅"，據《明太宗實錄》卷九八、九九，《明史》卷一四五《陳亨傳附陳懋傳》改。"己丑"，即永樂七年（1409）。

② ［校］征西叅將：據《明仁宗實錄》卷五下、《明宣宗實錄》卷十四、《明史》卷一五四《梁銘傳》，梁銘之官銜"征西將軍"、"叅將"不當合稱作"征西叅將"。參見吳忠禮《寧夏志箋證》，第160頁《箋證》[三十]。

③ 洪熙初元：明仁宗朱高熾洪熙元年（1425）。《明宣宗實錄》卷二二載，宣德元年（1426）十月乙酉，命陳懋佩征西將軍印充總兵官，都督同知陳懷充叅將，鎮寧夏。

④ 《明宣宗實錄》卷二九載，宣德二年（1427）七月辛丑，命都督同知陳懷充總兵官，剿捕松潘叛蠻。

⑤ ［校］松潘：原作"松藩"，據《明宣宗實錄》卷二九、《明史》卷一五五《陳懷傳》改。

⑥ 《明太宗實錄》卷四一載，永樂三年（1405）四月庚午，陞都指揮同知王俤、胡原俱為都指揮使，守寧夏、延安。

都指揮鎮守者

王俶，永樂間鎮守。① 忠勤、端謹，為政簡易，不通賄賂，淳厚君子人也。

張麟，陝西都指揮僉事。為人以智略見稱，太宗皇帝聞而嘉之，特賜勑陞為都指揮使，俾守寧夏。為政清靜，不為煩擾。永樂壬寅冬，②胡虜入寇。時邊之士馬精彊者，咸從駕北征，人咸驚懼。麟不以為憂，談笑如平日，遣指揮蘇楷率軍與戰，③殺傷衆多，虜懼而遁，邊境以寧。

費瓛，④永樂間鎮守，⑤至此不一月而卒。亦誠實端謹人也，惜乎早卒，不見其施設也。

吳傑，初為予護衛指揮，用薦者陞都指揮，鎮守於此。永樂初，移鎮綏德。⑥

孫霖，任陝西都指揮。為人倜儻，以驍勇稱。永樂間，⑦陳寧陽從駕北征，奉勑命同張麟鎮守。政不擾人，邊人安之。

張嵒，任延安衛指揮。太宗皇帝念其父之勳勞，特勑陞陝西都指揮，副張麟守寧夏。淳厚有德，君子人也。平居則溫仁恭儉，能撫愛軍士。從駕北征，臨陣則驍勇莫敵。仁者有勇，於張嵒見之。

此特錄其居邊鎮靜、事業可紀、為人所敬愛者數人。如杜芳之輩，庸才鄙器，玷辱帥閫，無勇無智，臨事儒怯，非將領之材。言行相違，殉於貨色，諂神求福，修建廟宇，為政繁苛，人不堪其擾，邊人怨之，有同仇讎，何足書之以汙簡册？何福，才小任大，矜己傲物，手握兵權，作威作福，卒致身戮家破。非不幸也，宜也。

---

① 《明太宗實錄》卷四一載，王俶於永樂三年（1405）四月庚午任職。
② 永樂壬寅：永樂二十年（1422）。
③ ［校］蘇楷：原作"蘇瓛"，據吳忠禮《寧夏志箋證》第163頁《箋證》［四二］改。
④ ［校］費瓛：原作"費瑾"，據《明宣宗實錄》卷三六、《明史》卷一五五《費瓛傳》改。參見吳忠禮《寧夏志箋證》，第163—164頁《箋證》［四二］、［四三］。
⑤ 《明宣宗實錄》卷三六"宣德三年（1428）二月乙丑"條載，費瓛於永樂八年（1410）充總兵官鎮守寧夏、甘肅等處。
⑥ 《明太宗實錄》卷十八載，永樂元年（1403）三月壬午，都指揮吳傑徃守綏德。
⑦ 《明太宗實錄》卷一三五載，永樂十年（1412）十二月癸酉，任命張麟鎮守寧夏，命孫霖副之。

陝西都司都指揮、統行營及夏城士馬備禦者

李庸、李智、王儀、周彧、榮貴、陳忠、宋晟、張泰、蔣勝、种興、姚深。

指揮創立軍衛鎮守者

耿忠，長興侯耿炳文之弟。有謀略，識見高遠。洪武九年，奉命率謫戍之人及延安、慶陽騎士，繕城郭，始守之。時軍衛草創，密邇胡虜。忠招來降撫，恩威兼施，不為擾害，能以鎮靜守之，人賴以安。

徐真，父徐杲厮，① 開國功臣也。真驍勇，善騎射，為寧夏衛指揮。洪武間，數提兵深入漠北，擄獲胡酋男婦動以千計。居邊數年，烽塵不驚，疆場晏安，邊人至今懷之。

內官鎮守者

海壽，任御馬監太監。幼從太宗皇帝征伐，以勇敢稱。入侍幃幄，出監軍旅，勤勞久著。宣德間，上以其舊人性誠實、忠謹，命守寧夏。能敷宣國家恩德，於境上張示朝廷所降招安榜文，俾遂夷咸知，厥角稽顙，款塞來降。然處身儉約，不貪貨財，不擾於人，邊人愛而以"爹"稱之。

魯安，永樂間同太監王良鎮守，以勇敢稱。征也先土堅，率鐵騎先至其帳內降之。屢使西域，能宣布朝廷恩德，遠人慕化從之，入貢者數十國。蒙列聖寵眷，見任御馬監太監。

王良，太監。

楊謙，少監。

沐真，少監。

林春，少監。

姚輻童。

來福，御馬少監，正統二年二月陞太監。

提督寧夏屯田者

工部侍郎羅汝敬，奉勅巡撫陝西，提督甘肅、寧夏屯田。汝敬為人公

---

① ［校］徐杲厮：本志卷上《祥異》作"徐杲厮"。

勤、廉幹，雖在暮年，來往甘肅、寧夏，驅馳跋涉，道路數千餘里，不憚辛苦。能敷宣德意，撫恤軍民，邊人慕之。

都御史紊贊征西軍務者

都御史郭智，初為監察御史，以正直廉幹，用薦者陞都御史，俾守綏德。撫民馭軍，鎮遏有方，衆咸稱之，朝命紊贊征西軍事。① 性嚴重，處大體，不急細事，權豪畏避，咸守法度，煩刑虐政、橫科暴斂、繁役之事悉不敢為。人以為如唐楊綰拜相日，邊人樂其來，以其克振風憲也。

監察御史按治者

陳夷、關可誠、② 黃仕庸、孫儼、王文、③ 吳傑、黎常、何忠、姜啟隆、張約，已上永樂年。

蘇霖、傅吉、許資、梁軫、王瀚、孫泓、邵宗、高敏，已上宣德年。

顧理，正統元年。

陳鎰，④ 正統二年。

户部主事監邊衛軍儲者

張添賜。

布政司紊政督糧運者

楊善、曹曾、陳琰、李寅。

按察司副使督糧運者

劉瓚、金濂、何楚英。

---

① 《明英宗實錄》卷十四載，郭智於正統元年（1436）二月庚子紊贊寧夏軍務。

② [校]關可誠：吳忠禮認為"誠"當作"成"，不知何據。參見吳忠禮《寧夏志箋證》，第172頁《箋證》[七二]。《福建通志》卷三二《名宦》有關之誠事跡，未載其按巡寧夏事。

③ [校]王文：原作"王珣"，據《明史》卷一六八《王文傳》改。參見吳忠禮《寧夏志箋證》，第172頁《箋證》[七三]。

④ [校]陳鎰：原作"陳璇"，據《明史》卷一五九《陳鎰傳》改。參見吳忠禮《寧夏志箋證》，第174頁《箋證》[八二]。

河渠提舉司

提舉劉銳，副提舉沈瑜、郭資、魏淇，吏目張燾。皆創衙門者。

名僧

永濟尚師，河西人。通三學，為西夏釋氏之宗，稱為"祖師馬"。修建華嚴，齋會科儀，僧徒至今遵而行之。

黑禪和尚，河西人，深通禪觀之學。年六十餘示微疾，先知死期，至日坐化。

死王事

《司馬法》曰：[①]"將軍死綏。"《春秋》趙孟曰：[②]"圖國忘死，貞也。"夫食人之祿，必死人之事，豈可臨難而苟兔乎？

王俶，為陝西都指揮，守寧夏。永樂辛卯，[③] 胡虜入寇，俶與戰於大河之西。[④] 竭力鏖戰，虜死傷者衆，遂北遁，俶亦被重創死之。時微俶力戰拒之，則虜之勢愈張，邊人不安矣。其妻時氏聞其戰歿，亦自經而死。時戰歿者，有指揮諸鼎、千戶沈傑。

津渡

楊家渡，元時舊渡也。洪武初，尚於此渡，後移於新渡。

新渡，洪武間移於此。

應理州渡，寧夏中衛立。

[①] 參見《司馬法》。

[②] 參見《左傳·昭公元年》。

[③] 永樂辛卯：永樂九年（1411）。

[④] ［校］大河之西：疑當作"大河之東"。《明太宗實錄》卷一一二"永樂九年正月庚辰"條載敕甘肅總兵官侯宗琥曰，得報韃賊失捏干剽掠黃河東岸，寧夏都指揮王俶無謀輕敵，為賊所陷。參見吳忠禮《寧夏志箋證》，第180頁《箋證》［五］。

陵墓

賀蘭山之東，數塚巍然，傳以為西夏僭竊時所謂嘉陵、裕陵者，其制度、規模，倣鞏縣宋陵而作。①

故正妃孫氏墳，在韋州西北十餘里。

橋

橋梁之設，所以濟不通也。古者十一月徒杠成，十二月輿梁成，民未病涉也。②憧憧往來之徒，南北東西，惟其所適，是知天下不可一日而無橋梁也。

官橋，元時舊橋也，在漢延渠上。

賀蘭橋，在古城西，唐來渠上。

赤蘭橋，在城東門外，紅花渠上。由此橋之麗景園也。

園

曹子建詩：③ "清夜游西園，飛蓋相追隨。"晉張天錫數宴園池，曰：④ "觀朝榮則敬才秀之士，翫芝蘭則愛德行之臣，覩松竹則思貞操之賢，⑤ 臨清流則貴廉絜之行，覽蔓草則賤貪穢之吏，逢颷風則惡兇狡之徒。"《詩·園有桃》：⑥ "其實之殽。"杜詩：⑦ "名園依綠水。"前賢園林之遊豫，其來久矣。

---

① 經科學考古發掘表明，寧夏賀蘭山東麓之西夏王陵陵制并非倣鞏縣宋陵而作。九座帝陵中，六號陵為夏太宗李德明之嘉陵，七號陵為夏仁宗李仁孝之壽陵，其他帝陵陵主需要進一步考古才能確定。參見孫昌盛《西夏六號陵陵主考》。

② 參見《孟子·離婁下》。

③ 參見三國魏曹植《公宴》詩。

④ 參見《晉書》卷八六《張軌傳附張天錫傳》。

⑤ [校] 賢：原作"士"，據《晉書》卷八六《張軌傳附張天錫傳》、《十六國春秋》卷七四、《冊府元龜》卷二二〇、二三〇及《天中記》卷二七等改。

⑥ 參見《詩經·魏風·園有桃》。

⑦ 參見唐朝杜甫《陪鄭廣文遊何將軍山林》十首之一："名園依綠水，野竹上青霄。"

赫連果園，《輿地廣記》以此地為赫連勃勃果園，[①] 所謂"塞北江南"者也。

麗景園，居城東北，紅花渠東，予之果園也。

壩

大壩，在峽口北，河水由此入唐來渠。

小壩，在大壩下流，去大壩十餘里，河水由此入漢延渠。

河渠

寧夏得河水溉田之利，其來久矣。按酈道元《水經》，[②] 河水又北過北地富平縣西，河側有兩山相對，水出其間，即上河峽，世謂之為青山峽。[③] 河又北逕富平縣故城西。河水又北，[④] 薄骨律鎮城在河渚上，[⑤] 赫連果城也。河水又逕典農城東，世謂之胡城，富平縣即此也。河水又北逕典農城東。河水又東北逕廉縣故城東。河水又北與枝津合。[⑥] 水受大河，東北逕富平城，所在分裂，以溉田圃，北流入河。薄骨律鎮，今靈州是也。今之軍城，富平縣地也。

昔禹以為河所從來者高，[⑦] 水湍悍急，乃廝二渠，播為九河，入於渤海，此河渠之始也。而《周禮》遂人所掌遂、溝、洫、澮詳矣，[⑧] 河之為中國害者亦甚矣。而於寧夏，乃獨蒙其利焉，今故錄之。

漢三郡河渠。《西羌傳》：[⑨] 漢順帝永建四年，虞詡上疏。帝乃復朔

---

① ［校］果園：此同《元和郡縣圖志》卷四，整理本《輿地廣記》卷十七《陝西路化外州》"大都督府靈州"作"果地"，《四庫》本《輿地廣記》作"杲地"，《太平寰宇記》卷三六作"果城"。

② 參見酈道元《水經注》卷三《河水》。

③ ［校］青山峽："峽"字原脫，據《水經注》卷三《河水》補。

④ ［校］北：此字後原衍"周"字，據《水經注》卷三《河水》刪。

⑤ ［校］城：此字後原衍"城"字，據《水經注》卷三《河水》刪。

⑥ ［校］北與：原倒作"與北"，據《水經注》卷三《河水》乙正。

⑦ ［校］昔：此字前原有"河渠"二字，據本志書例刪。

⑧ 參見《周禮·地官司徒·遂人》。

⑨ 參見《後漢書》卷八七《西羌傳》。

方、西河、上郡，使謁者郭璜督趣徙者各歸舊縣，繕城郭，置候驛。既而激河浚渠為屯田，省內郡費歲一億計。

漢三渠。《唐·吐蕃傳》：① 大曆十三年，虜大酋馬重英以四萬騎寇靈州，奪填漢、② 御史、尚書三渠以擾屯田，③ 為朔方留後常謙光所逐。

唐光祿渠。《李聽傳》：④ "靈州境內有光祿渠，廢塞歲久。大都督府長史李聽復開決舊渠以溉田。"

唐特進渠。⑤《地理志》：⑥ "靈州迴樂有特進渠，長慶四年七月詔開，溉田六百頃。⑦"《會要》云"置"。⑧

漢渠、胡渠。《元和志》：⑨ "靈武縣北四十二里有千金陂，長五十里，闊十里。漢渠在縣南五十里。從漢渠北流四十餘里，始為千金大陂。其左右又有胡渠、御史、百家等八渠，溉田五百餘頃。"

元《西夏河渠圖》。《元·世祖紀》：⑩ "至元元年五月乙亥，⑪ 詔遣唆脫顏、郭守敬行視西夏河渠，俾具圖來上。⑫"

元唐來、漢延二渠。《張文謙傳》：⑬ "至元元年，詔文謙以中書左丞行省西夏中興等路，浚唐來、漢延二渠。溉田十數萬頃，人蒙其利。"《郭守敬傳》：⑭ 世祖中統三年，⑮ "加授提舉諸路河渠。四年，⑯ 郭守敬為銀符、副河渠使。至元元年，從張文謙行省西夏。瀕河五州皆有古渠。在

---

① 參見《新唐書》卷二一六下《吐蕃傳》。
② ［校］奪填漢：原作"塞"，據《資治通鑒》卷二二五改。
③ ［校］三渠：此二字前原衍"光祿"二字，據《新唐書》卷二一六下《吐蕃傳》、《資治通鑒》卷二二五、《玉海》卷二一《地理·河渠》刪。
④ 參見《新唐書》卷一五四《李聽傳》。
⑤ ［校］特進渠：文淵閣《四庫全書》本《唐會要》卷八九《疏鑿利人》作"時逐渠"。
⑥ 參見《新唐書》卷三七《地理志》。
⑦ ［校］溉田：《舊唐書》卷十七上《敬宗本紀》、《唐會要》卷八九《疏鑿利人》、《册府元龜》卷五〇三《邦計部·屯田》均作"置營田"。
⑧ 參見《唐會要》卷八九《疏鑿利人》。
⑨ 參見《元和郡縣圖志》卷四《關內道四》。
⑩ 參見《元史》卷五《世祖本紀》。
⑪ ［校］五月：原作"正月"，據《元史》卷五《世祖本紀》改。
⑫ ［校］具：原作"其"，據《元史》卷五《世祖本紀》改。
⑬ 參見《元史》卷一五七《張文謙傳》。
⑭ 參見《元史》卷一六四《郭守敬傳》。
⑮ ［校］三年：原作"四年"，據《元史》卷一六四《郭守敬傳》改。
⑯ ［校］四年：此二字原無，據《元史》卷一六四《郭守敬傳》補。

中興者，一名唐來，其長四百里，一名漢延，長二百五十里。其餘四州又有正渠十，皆長二百里，支渠大小六十八，灌田九萬餘頃。兵亂以來，廢壞淤淺。守敬更立腮堰，皆復其舊，夏人共為立生祠於渠上。二年，授都水少監。"

寧夏之渠皆古之舊也，但其名異耳，以其無圖經可考故也。

漢延渠，黃河西。自閘口至渠尾，長二百五十里，支水灌田四千八百七十六頃。

唐來渠，黃河西。自閘口至渠尾，長四百里，支水灌田四千七百一十八頃七十三畝。已上二渠在寧夏地方。

紅花渠，在城外，自西南轉東北而去。

鐵渠、良田渠、滿答剌渠、新渠、五道渠，皆唐來、漢延之支渠也。

秦家渠，黃河東。自閘口至渠尾，長七十五里，支水灌田八百九十二頃三十五畝。

漢伯渠，黃河東。自閘口至渠尾，長九十五里，支水灌田七百二十九頃四十三畝。已上二渠在靈州地方。

蛛蛛渠，黃河西。自閘口至渠尾，長五十里，支水灌田一百八十四頃三十畝。

石空渠，黃河西。自閘口至渠尾，長三十四里，支水灌田六十頃八十畝。

白渠，黃河西。自閘口至渠尾三十里，支水灌田九十一頃六十畝。

棗園渠，黃河西。自閘口至渠尾，長三十五里，支水灌田九十五頃六十畝。

中渠，黃河西。自閘口至渠尾，長三十六里，支水灌田一百二十六頃六十畝。已上五渠在應理州界。

羚羊渠，黃河東。自閘口至渠尾，長四十四里，支水灌田三百八十五頃。

七星渠，黃河東。自閘口至渠尾，長二十二里，支水灌田二百二十三頃八十畝。已上二渠在鳴沙州界。

寧夏城以其歷年既邃地鹹，居人病之。永樂甲申，① 何福始引紅花渠水，由城東垣開竇，以入城中，俾人日用。然緣其循遶人家，長六里餘，

---

① 永樂甲申：永樂二年（1404）。

水甚不潔。福後得罪，此亦一事也。朝廷以其擅鑿城垣，不先奏聞也。

塩池

按《洪範》，五行一曰水，① 水曰潤下，潤下作鹹，此塩池所由生塩也。大抵中國南方所出是海水、井水煎成之塩，皆待人力煎熬而成，工費甚廣。寧夏及胡中之塩，皆不勞人力，水澤之中雨少，因風則塩自凝矣。《唐書·食貨志》：② 塩州有烏池、白池、瓦池、細項池，靈州有溫泉池、兩井池、長尾池、五泉池、紅桃池、回樂池、弘静池。《地理志》：③ 懷遠縣塩池三：紅桃、武平、河池也。二說不同。懷遠即今寧夏之軍城也，城北三十餘里有塩池一，城南一池，去城亦三十餘里，不審古為何名。塩池之在寧夏界內者，大塩池在三山兒東，小塩池在韋州東北。

國朝設塩課司，收積池塩，以待客商支給萌城，設秤盤所，盤驗客商之塩，以防夾帶。其餘花馬池、字羅池、狗池、硝池、石溝兒池，忻都之北沙中有一池，不知名，並在河東。

西夏請售青、白塩，出烏、白池。夏人擅以為利。自李繼遷叛，乃禁毋入塞，未幾，罷。慶曆中，元昊納款，請歲入十萬石售於縣官，諫官孫甫等言車運疲勞，又並邊戶嘗言青塩價賤而味甘，故食解塩者少，雖刑不能禁，今若許之，則並邊蕃漢盡食夏人所販。青塩不能禁止，則解塩利削，陝西財用屈矣。乃不許其請。

屯田

漢文帝募民耕塞下，已有屯田之說。武帝屯渠犁，始有屯田之規。成於昭、宣，廣於魏、晉，而極盛於唐。大抵漢之屯田以兵，唐之屯田以民，歷代或民或兵，蓋不一也。

---

① 參見《尚書·周書·洪範》。
② 參見《新唐書》卷五四《食貨志》。
③ 參見《新唐書》卷三七《地理志》。

《六典》：① 唐天下諸州，屯九百九十有二。② 河東道一百三十一屯：③ 大同軍四十屯，橫野軍四十二屯，云州三十七屯，④ 朔州三屯，蔚州三屯，嵐州一屯，蒲州五屯。關內道二百五十八屯：⑤ 北使二屯，塩池七屯，原州四屯，夏州二屯，豐安二十七屯，中城四十一屯。⑥ 河南道一百七屯：陳州至壽州。河西道一百五十四屯：⑦ 赤水至天山。隴右道一百七十二屯：渭州至西使。⑧ 河西、隴右三百六十屯，歲入六十萬石。河北道二百八屯：幽州至渝關。⑨ 劍南道九屯：嶲州八屯，⑩ 松州一屯。⑪ 河南道陳、許、豫、壽又置百餘屯。

唐夏州屯田。開元二十五年，⑫ 令諸屯隸司農寺者，每三十頃以下、⑬ 二十頃以上為一屯。隸州鎮諸軍者，每五十頃為一屯。夏州屯二。

唐靈塩屯田。《李聽傳》：⑭ 李聽為夏、綏、銀、宥節度使。又靈塩部有光禄渠，久廢，聽始復屯田以省轉餉，即引渠溉塞下地千頃，人賴

---

① 參見《唐六典》卷七《尚書工部》。

② ［校］九百九十有二：此同《舊唐書》卷四三《職官志》、《唐六典》卷七《尚書工部》、《玉海》卷一七七《食貨·屯田》。據《唐六典》、《玉海》所列各地屯數，總數實為1039。

③ ［校］三：原作"五"，據《唐六典》卷七《尚書工部》、《玉海》卷一七七《食貨·屯田》改。

④ ［校］云州：原作"靈州"，據《唐六典》卷七《尚書工部》、《玉海》卷一七七《食貨·屯田》改。

⑤ 關內道、河南道、河西道、隴右道、河北道所列屯田，先統計出總數，其後分別統計各地屯數。本志只輯錄羅列出部分地方的屯數，未全部列舉，故出現各道屯總數與其後各州屯數之和數量不一致的現象。

⑥ ［校］十一："一"字原脫，據《唐六典》卷七《尚書工部》補。

⑦ ［校］四：原同《玉海》卷一七七《食貨·屯田》作"六"，據《唐六典》卷七《尚書工部》及《玉海》實際數量改。

⑧ ［校］渭州：原作"涓州"，據《唐六典》卷七《尚書工部》、《玉海》卷一七七《食貨·屯田》改。

⑨ ［校］渝關：原作"榆關"，據《唐六典》卷七《尚書工部》、《玉海》卷一七七《食貨·屯田》改。

⑩ ［校］嶲州："州"字原脫，據《唐六典》卷七《尚書工部》、《玉海》卷一七七《食貨·屯田》補。

⑪ ［校］松州：原作"扣州"，據《唐六典》卷七《尚書工部》、《玉海》卷一七七《食貨·屯田》改。

⑫ ［校］二十五：原作"十五"，據《通典》卷二《食貨·屯田》改。

⑬ ［校］以下：原作"以上"，據《通典》卷二《食貨·屯田》改。

⑭ 參見《新唐書》卷一五四《李聽傳》。

其利。

元西夏屯田。《世祖紀》：① 至元三年五月丙午，浚西夏中興漢延、唐來等渠。凡良田為僧所據者，聽蒙古人分墾。

元寧夏等處新附軍萬户府屯田。《元史·兵志》：② 至元十九年三月，發迤南新附軍一千三百八十二户，徃寧夏等處屯田。二十一年，遣塔塔裏千户所管軍人九百五十八户屯田，為田一千四百九十八頃三十三畝。

元寧夏營田司屯田。至元八年正月，僉發己未年隨州、③ 鄂州投降人民一千一百七户徃中興居住。十一年，編為屯田户，凡二千四百丁。二十三年，續僉漸丁，得三百人，為田一千八百頃。

元寧夏路放良官屯田。至元十一年，從安撫司請，以招收放良人民九百四户，編聚屯田，為田四百四十六頃五十畝。

元世祖詔唆脱顏、郭守敬行視西夏河渠，俾具圖來上。

至元二十六年，④ 復立營田司於寧夏。

二十九年，寧夏府屯田成功，陞其官脱兒赤。⑤

元詔：寧夏户口繁多，⑥ 而土田半蓺紅花，令盡種穀麥，以補民食。

武宗至大元年，寧夏立河渠司，秩五品，官二員，糸以二僧為之。

順帝至元三年，立宣鎮侍衛屯田萬户府於寧夏。

國朝自洪武初，則立軍衛屯田以省民間輪運之艱。宣德六年，⑦ 陝西布政司糸政陳琰奏寧夏屯田、水利皆被權豪勢要之家占使，致屯軍闕水，輸租欠少。上命工部侍郎羅汝敬馳傳，同御史李珏，陝西布、都、按三司官行視分理。汝敬克奉上命，因奏設立河渠提舉司。⑧ 官有提舉、副提舉、吏目，以司水利。募人佃種荒田，應募者衆。是以田疇開闢，邊之儲積不乏，民力得以甦矣。

---

① 參見《元史》卷六《世祖本紀》。
② ［校］元史兵志：原作"元世祖紀"，本條史料出自《元史》卷一〇〇《兵志·屯田》，據改。
③ 己未年：宋理宗趙昀開慶元年（1259）。
④ ［校］二十六：原作"二十七"，據《元史》卷十五《世祖本紀》改。
⑤ ［校］官：此字原脱，據《元史》卷十七《世祖本紀》補。
⑥ ［校］户口：原作"户田"，據《元史》卷十七《世祖本紀》改。
⑦ ［校］六年：原作"五年"，據《明宣宗實錄》卷七六改。
⑧ 《明宣宗實錄》卷八三"宣德六年（1431）九月戊子"條載，設陝西寧夏、甘州二河渠提舉司。

洪武間，① 設寧夏左、右、中屯衛，職專屯田。其寧夏衛、前衛軍士，率以六分屯田，四分守城。今則屯衛亦六分屯田，四分守城矣，護衛一千七百人屯田。此國朝屯田之大槩也。

職官

王府屬官。長史司官有左、右長史，典簿。紀善所無定員。奉祠所、審理所、典寶所、良醫所、典膳所、工正所，已上官皆有正副。典儀所有典儀、引禮舍人。已上皆洪武間設。廣濟倉、廣濟庫有大使、副使，教授、伴讀無定員。已上永樂間設。②

寧夏中護衛指揮使司，洪武間設，職專守衛王府。衛官有指揮、經歷、衛鎮撫，屬官則有左、右、中、前、後五所千户、所鎮撫、百户。旗軍額設五千六百名。

儀衛司，洪武間設，正官儀衛正、儀衛副，屬官則有典仗，職專侍從，執儀仗。校尉一千一百二十名。

寧夏群牧所，洪武間設，③ 職專牧養王府牛、羊、駞、馬。正官有千户，屬官吏目、所鎮撫、百户。甲軍定額一千一百二十名。

都司屬衛。寧夏衛、寧夏左屯衛、寧夏前衛、寧夏右屯衛、寧夏中屯衛，已上五衛皆洪武間設，在寧夏城中，職專防邊。衛有指揮、經歷、衛鎮撫。屬官則有左、右、中、前、後五所千户、百户、所鎮撫。旗軍定額五千六百名。永樂間革去中屯衛，併之於右屯為一衛。

寧夏中衛，永樂間設，④ 守應理州，官軍同寧夏等衛。

---

① 《明太祖實錄》卷二一六載，洪武二十五年（1392）二月丙子，置寧夏左屯、右屯、中屯三衛。

② 本志所載王府職官設置與《明會典》卷五《官制》及《明史》卷七五《職官志》所載略有不同，蓋官制沿革因時而異。《明會典》卷五《官制》載，王府長史司中設左、右長史及典簿各1員，屬官中，紀善所設紀善2人，奉祠所設奉祠正、副及曲樂各1員，典儀所設典儀正、儀副各1員，設伴讀、教授各1員。《明史》卷七五《職官志》載，王府中設伴讀4人，後只設1人，教授無定員。

③ 《明太祖實錄》卷二四五載，洪武二十九年（1396）四月戊申，置陝西寧夏、甘州二群牧千户所。

④ ［校］永樂：原作"洪武"，據《明太宗實錄》卷十六、《明史》卷四二《地理志》改。《明太宗實錄》卷十六載，永樂元年（1403）正月丙申，改寧夏右護衛為中衛。

靈州千户所，屬寧夏衛，今守靈州城，官軍數同寧夏衛之五所。

稅課局，洪武年間設課程。洪武間賜王府官，有大使。

河渠提舉司，宣德六年設。官有提舉、副提舉、①吏目。永樂間，調陝西都司屬衛行營士馬，於西古城內駐劄，以備胡寇，都指揮周彧統領之。

驛傳

古者國野之道，十里有廬，廬有飲食。三十里有宿，宿有路室，②路室有委。五十里有市，市有候館，候館有積。皆所以待朝聘之官。驛者，又言置騎將以備送也。今之館驛，即古之候館也。

寧夏在城驛、高橋兒驛、在靈州。石溝兒驛、塩池驛、萌城驛皆洪武間設立，以百户領甲軍應役，民亦有應役者。

寧夏在城遞運所、高橋兒遞運所、石溝兒遞運所、塩池遞運所、萌城遞運所亦皆洪武間設立，以百户領甲軍應役。

鋪舍自寧夏至慶陽界共二十所，洪武間設，為遞文書郵也。

牧馬監苑

《周官》：③校人掌王馬之政，④牧師掌牧地，皆有厲禁而頒之。孟春焚牧，中春通淫。⑤廋人掌十有二閑之政教。⑥古者牧養之馬有養之官，有藏之於民。官民通牧者周也，牧於民而用於官者漢也，牧於官而給於民者唐也，今之馬則牧於官，以待軍國之用。

唐有河西監、⑦塩州監以牧馬。

國朝之牧苑在寧夏界者二：清平苑在三山兒東，萬安苑在大塩池南。

---

① ［校］副提舉：此三字原脫，據《明宣宗實錄》卷八三補。
② ［校］路室：原作"洛室"，據《周禮・地官司徒・遺人》改。下同。
③ 參見《周禮・夏官司馬・校人》。
④ ［校］王馬：原作"五馬"，據《周禮・夏官司馬・校人》改。
⑤ ［校］淫：原作"媱"，據《周禮・夏官司馬・牧師》改。
⑥ ［校］政教："教"字原脫，據《周禮・夏官司馬・廋人》補。
⑦ 唐朝河西監牧馬與今寧夏無涉。參見吳忠禮《寧夏志箋證》，第255頁《箋證》［八］。

公宇

《周禮》：① 以八法治官府，釋之者曰百官，所居曰府。此則官廨之說也。古者設官分職以治事，不可無以居其官，故內置省、部、寺、監，外列百司、庶府，莫不各有治所，今之衙府是也。

王府。予洪武辛未受茅土之封，② 壬申入關，③ 上以寧夏倉積糧儲尚寡，命居於韋州。辛巳冬渡河，④ 始建國於此。今之室宇，寧夏衛公署也。永樂丁亥，⑤ 上命內官太監楊昇，工部主事劉謙、王恪，欽天監陰陽人陳俊卿，欲為予造宅，時予心欲內徙，是以不果造也，但築外垣，立櫺星門。

長史司，櫺星門內，道西。

護衛，櫺星門內，道東。

儀衛司，櫺星門外，新街西。

海太監宅，提舉司西。

柳平羌宅，舊在城驛也，今在予府牆內。

都督胡原、保定伯梁銘宅，即今海太監之宅也。

陳寧陽宅，北城內，德勝門街西。

都指揮張麟宅，陳寧陽宅西。

都指揮盧保宅，報恩寺後。

前都指揮閻俊宅，王府前門西。

巡按御史察院，在城東南，水渠北。

河渠提舉司，前衛倉西。

寧夏衛，城南薰門內街西。

左屯衛，城東北。

右屯衛，鎮遠門內街南。

前衛，城德勝門內，馬神廟東。

---

① 參見《周禮·天官冢宰·大宰》。

② 洪武辛未：洪武二十四年（1391）。

③ 壬申：洪武二十五年（1392）。

④ 辛巳：洪武三十四年即惠帝建文三年（1401）。

⑤ 永樂丁亥：永樂五年（1407）。

前都指揮孫霖宅，陳寧陽宅南。

前都指揮張鬲宅，鼓樓北街東。

鼓樓，王府北。

鐘樓，① 真武堂東北。

皇華館，城南五里，而近居大路之東。宣德八年，予府中所作者，以為迎接詔書之所。

接官亭，居皇華館之北，大路西。宣德八年，海太監守寧夏日所作，以為送往勞來之所。

教武場，居城北，大路西。洪武間，耿忠守此日築者，後之元戎鎮守者，平時教武，春秋大閱，咸在於此。凡列隊伍、布行陣，進退之節，皆柳安遂、陳寧陽、保定伯、胡都督鎮守日教習定之規矩。

天使館，在城中，新街西。正統元年春，予府中築此，以俟中貴人之齎勅旨來者於此居之。

祥異

洪武初，馬都督守寧夏日，其家中兔鶻忽生一卵。問之人，一老者曰："此不祥也，城其空乎？"後果奉詔棄此地，徙土民於陝西，城遂空。

洪武甲戌，② 護衛軍人張秋童入賀蘭山伐木，時秋童方十六歲。深入谷中，見二老者坐石上，問秋童何為而來，對以"伐木"。呼使之前，與之錢盈掬。復往視，則無見矣。錢至今有收得者。二老果仙者歟？莫可得而知也。

己卯歲二月，③ 人有行石溝道中，見一人乘雲而行於空中，若今之畫洞賓者。果仙耶？術士耶？

洪武間，指揮徐真父徐呆廝領軍營於境外黃河邊，④ 地名"梧桐樹"。忽一日午間，一大星墜於河水中，火發延及岸上，營中軍人有被傷者。後徐氏父子罹黨逆之誅，家破矣。

---

① ［校］鐘樓：原作"鍾樓"，據改。
② 洪武甲戌：洪武二十七年（1394）。
③ 己卯：洪武三十二年即建文元年（1399）。
④ ［校］徐呆廝：本志卷上《名宦》"指揮創立軍衛鎮守者徐真"條作"徐呆廝"。

永樂三年乙酉，予進兩岐麥數莖於朝，禮部率百官稱賀。①

永樂乙未，②中護衛軍胡鼕兒妻陳氏一産三男子，③蒙朝廷禮部差官賞鈔二百五十貫，米五石。

永樂間，柳平羌守寧夏日，城南門外壕邊柳樹無故自焚，後卒有南征之禍。

永樂戊戌歲，④金波湖産合歡蓮一。

磁窰東南一鱴水池，俗呼為"龍王潭"。永樂間，牧馬胡人一日於水上見一蛇身、人首、面赤。胡人無知，擲以牛屎，中之，遂不見。後其家死亡相繼，無一存者。

永樂間，予獲海東白鶻一聯，白鷹二聯。宣德間，獲白鷹一聯。俱進於朝。

宣德間，海太監進連理爪二於朝，百官亦稱賀。

宣德間，陳寧陽進玄兔一、白雉一。

女媧神。唐肅宗將至靈武一驛，黃昏，有婦人長大，攜雙鯉咤於營門曰："皇帝何在？"衆以為狂，上令潛視舉止。婦止大樹下，軍人有逼視，見其臂上有鱗。俄天黑，失所在。及上歸京，虢州刺史王奇光奏女媧墳云：⑤天寶十三載，大雨晦冥忽沉。今月一日，河上有人覺風雷聲，曉見其墳湧出，⑥上生雙柳樹，高丈餘，下有巨石。上初克復，⑦使祝史就其

---

① 本志所載永樂三年獻岐麥事亦載《嘉靖陝志》卷四〇《政事六·災祥》。而《明宣宗實錄》卷一〇五載，宣德八年（癸丑，1433）閏八月己未，慶王朱㮵進嘉瓜、瑞麥。《明英宗實錄》卷六九又載，正統五年（1440）七月戊辰，行在禮部尚書胡濙等奏，邇者慶王獻兩岐麥、同蒂瓜，請上表稱賀，上曰："不足賀也，其勿賀。"

② 永樂乙未：永樂十三年（1415）。

③ ［校］胡鼕兒：原同《弘治寧志》卷二、《嘉靖寧志》卷二《祥異》均作"位定兒"，《嘉靖陝志》卷四〇《政事六·災祥》作"伍定兒"，《康熙陝志》卷三〇《祥異》作"伍定"。據《明太宗實錄》卷一六一"永樂十三年二月辛卯"條改。

④ ［校］戊戌：原作"甲戌"。明成祖"永樂"年號紀年（自"癸未"至"甲辰"，1403—1424）無"甲戌"年。本志卷下《題詠》載凝真（朱㮵之号）七律《戊戌歲金波湖合歡蓮》一首，所詠即為永樂年間金波湖出"祥瑞"合歡蓮一事。"永樂戊戌歲"，即永樂十六年（1418）。據改。

⑤ ［校］云：原作"去"，據《酉陽雜俎》前集卷一《忠志》改。

⑥ ［校］湧：原作"踴"，據《酉陽雜俎》前集卷一《忠志》改。

⑦ ［校］上初：原倒作"初上"，據《酉陽雜俎》前集卷一《忠志》乙正。

所祭之。至是而見，衆謂婦人是其神也。出《酉陽雜俎》。①

雜誌②

寧夏，昔爲元昊僭竊之地，今考其興滅之年錄之。

初，唐太宗貞觀三年冬閏十二月乙丑，党項酋長細封步賴并別部拓跋氏等來降。

僖宗中和元年夏四月，拓跋思恭以兵赴國難，戰黃巢，有功，帝命思恭權知夏、綏節度使。八月，陞思恭爲夏、綏節度使，賜姓李氏。

昭宗乾寧二年八月癸巳，③思恭弟、保大節度使李思孝爲北面招討使，定難節度使李思諫爲東面招討使。④

至是宋太宗太平興國七年壬午歲。五月，⑤李繼捧來朝，獻州四：夏、銀、綏、宥，縣八。⑥其西夏自天福石晉年號。以來未嘗入覲，繼捧來，太宗嘉之。繼捧且自陳諸兄弟多相怨懟，願留京師。詔授彰德軍節度，⑦留京師奉朝請，賜姓趙氏，名保忠，錫夏、綏、銀、宥、靜五州使。⑧

淳化元年庚寅歲。夏四月，李繼遷寇邊，命將出師，敗繼遷於夏州。淳化二年秋七月，繼遷降，賜姓趙氏，名保吉，授銀州觀察使。保忠陰與保吉爲唇齒，雖外示歸順，而潛結羌戎，侵寇不止。先是，趙保忠奏繼遷

---

① 參見《酉陽雜俎》前集卷一《忠志》。

② 本志《雜志》內容均輯自《釋氏稽古略》卷四，《釋氏稽古略》往往將不同時間內發生的事連敍，本志亦襲之。

③ ［校］癸巳：《資治通鑒》卷二六〇作"癸卯"，《舊唐書》卷二〇上《昭宗本紀》作"丁酉"，《新唐書》卷十《昭宗本紀》作"戊戌"。

④ ［校］東面招討使：此同《資治通鑒》卷二六〇，《舊唐書》卷二〇上《昭宗本紀》作"邠甯東北面招討使"，《新唐書》卷十《昭宗本紀》作"東北面招討使"。

⑤ ［校］五月：原作"十月"，據《長編》卷二三、《稽古錄》卷十七、《東都事略》卷三《太宗本紀》、《治蹟統類》卷二《太祖太宗經制西夏》等改。

⑥ ［校］州四：夏銀綏宥：此同《長編》卷二三、《東都事略》卷三《太宗本紀》。《宋史》卷四《太宗本紀》載李繼捧獻四州地，《東都事略》卷一二七《西夏傳》載，李繼捧以夏、銀、綏、宥、靜五州之地來歸。

⑦ 授繼捧彰德軍節度使事，《長編》卷二三、《宋史》卷四《太宗本紀》繫於太平興國七年（982）十一月己酉。

⑧ ［校］靜：原作"密"，據《宋史》卷四八五《夏國傳》改。另，賜姓趙氏、五州使事，《長編》卷二九、《太宗皇帝實錄》卷四四等均載在端拱元年（988）五月。

誘蕃戎入寇，乞師。帝命翟守素帥師屯夏州。① 繼遷恐，乃奉表歸順。淳化五年甲午歲。三月，② 李繼捧與李繼遷叛，帝遣李繼隆率兵討之。進攻夏州，李繼捧狼狽出降，就擒繼捧以歸。帝詰責數四，③ 詔釋之，留京師。繼遷終反覆不臣，卒為國釁。

至道元年乙未歲。九月，李繼遷犯邊。寇靈州。④ 至道二年丙申歲。九月，帝復命李繼隆分五路討李繼遷。丁酉年二月，⑤ 繼遷遁去。十二月，繼遷遣使修貢，求備邊任。時真宗初登位，方在諒闇，⑥ 姑從其請，加繼遷定難節度，封以夏、綏、銀、宥、靜五州。咸平四年辛丑歲。九月，繼遷陷清遠軍，詔討之。壬寅年三月，⑦ 李繼遷陷靈州。咸平六年十一月，⑧ 李繼遷陷西涼府。潘羅支邀擊之，⑨ 繼遷中流矢死，子德明襲位。

天禧元年，⑩ 丁巳。趙德明以民飢，上表乞糧數百萬，詔許之。丁卯，仁宗天聖五年也，五月，趙德明寇邊。

明道元年，封趙元昊德明子也。西平王。

至是寶元元年十二月，⑪ 趙元昊僭號。先是，元昊欲南侵，恐唃厮囉

---

① ［校］翟守素：原作"翟守義"，據《長編》卷三二、《宋史》卷四八五《夏國傳》改。

② ［校］三月：原作"春正月"。《長編》卷三五、《宋會要輯稿》兵八之一八、一九及《宋史》卷五《太宗本紀》等載，李繼捧叛、李繼隆入夏州擒李繼捧等事均在淳化五年（994）三月，據改。

③ 《長編》卷三六載，宋太宗詰責李繼捧事在淳化五年（994）五月。

④ 《長編》卷三九、《太宗皇帝實錄》卷七八、《宋史》卷五《太宗本紀》等載，李繼遷寇靈州事在至道二年（996）五月。

⑤ 丁酉年：宋太宗趙炅至道三年（997）。

⑥ ［校］諒闇：原作"諒陰"，據《長編》卷四二、《治蹟統類》卷五《真宗經制西夏》等改。

⑦ 壬寅年：宋真宗趙恒咸平五年（1002）。

⑧ ［校］十一月：原作"十二月"，據《長編》卷五六、《隆平集》卷二〇《唃厮囉傳》、《宋會要輯稿》方域二一之一九、《宋史》卷四八五《夏國傳》改。

⑨ ［校］潘羅支：原作"番羅支"，據《長編》卷五六、《隆平集》卷二〇《唃厮囉傳》、《宋會要輯稿》方域二一之一九、《宋史》卷四八五《夏國傳》改。

⑩ ［校］天禧元年：趙德明上表乞糧事，《長編》卷六八、《治蹟統類》卷五《真宗經制西夏》等繫於大中祥符元年（1008），《宋史》卷四八五《夏國傳》繫於大中祥符三年（1010），均不在天禧元年（1017）。本志有誤。

⑪ ［校］十二月：此同《佛祖歷代通載》卷十八，《長編》卷一二二、《稽古錄》卷十九、《宋史》卷四八五《夏國傳》等均載元昊僭號事在寶元元年（1038）十月。

制其後，① 復舉兵攻蘭州諸羌，至馬銜山，遂築瓦川會城。② 元昊既悉有夏、銀、綏、静、宥、靈、塩、會、勝、甘、涼、瓜、沙、肅之地，仍居興州，阻河依賀蘭山為固。始大補偽官，創十六司以統衆務。又置十八監軍司，③ 委酋豪分統其衆，為鎮守，總十五萬人。④ 又選豪族善弓馬五千迭直，⑤ 號六班直。元昊制蕃書，⑥ 改元"大慶"。卒用其黨楊守素之謀，築壇受冊，號"始文英武興法建禮仁孝皇帝"，⑦ 國稱"大夏"，改大慶三年曰"天授禮法延祚"。⑧ 遣使來告僭號、納旌節勅告，上表略曰："臣父德明，嗣奉世封，勉從朝命，三十年邊情善守，五千里職貢常輸。臣偶因端閑，輒生狂斐，制小蕃之文字，改大漢之衣冠。不期曆運在兹，軍民

---

① ［校］唃厮囉：原作"唃厮羅"，據《隆平集》卷二〇《唃厮囉傳》、《長編》、《宋史》等改。

② ［校］築瓦川會城：《長編》卷一一九作"築城瓦川凡川會"，《四庫》本《長編》卷一一九景祐三年（1036）十二月條作"築城凡川會"，同條李燾《考異》引《聚米圖經》作"築凡川會"，《宋史》卷四八五《夏國傳》作"築城凡川"。

③ ［校］十八監軍司：此同《長編》卷一二〇、《九朝編年備要》卷十，《宋史》卷四八五《夏國傳》作"十二監軍司"。《天盛改舊新定律令》卷十《司序行文門》載，西夏仁宗天盛年間（1149—1169）監軍司有十七個，包括石州、東院、西壽、韋州、卓囉、南院、西院、沙州、囉龐嶺、官黑山、北院、年斜、肅州、瓜州、黑水、北地中、南地中。

④ 關於西夏國軍隊總人數，《宋史》卷四八五《夏國傳》載元昊時西夏軍隊人數"總五十餘萬"。《長編》卷一二〇仁宗景祐四年（1037）十二月條統計作"總三十餘萬"，各分項數據之合實為三十七萬。《隆平集》卷二〇《夏國傳》載"在德明時兵十餘萬而已，曩霄之兵踰十五萬"。《東都事略》卷一二七《西夏傳》載"曩霄有兵十五萬八千五百人"。宋臣對西夏軍隊人數的估計也有不同說法，《河南先生文集》卷二三《按地圖》："元昊七州之地，兼党項之衆，計其兵不過十餘萬。"《淨德集》卷十九《慮邊論二》："今西夏之兵不滿二十萬。"由於文獻記載互異，學界對此也莫衷一是。參見《西夏戰史》第二章《西夏的戰爭機制》，《貞觀玉鏡將研究》之壹《〈貞觀玉鏡將〉及西夏兵制研究·西夏的軍事體制》，《宋夏關係史》第五章《宋夏戰爭論（上）》，《西夏軍事制度研究》第三章《軍制個案考》，《二十世紀西夏學》之《二十世紀西夏軍事制度研究》。

⑤ ［校］五千：原作"三千"，據《長編》卷一二〇、《宋史》卷四八五《夏國傳》改。

⑥ ［校］蕃書：原作"番書"，據《長編》卷一一九、《宋史》卷四八五《夏國傳》等改。下文"小蕃文字"之"蕃"同。

⑦ ［校］英武：此同《長編》卷一二二、《九朝編年備要》卷十、《宋史全文》卷七下、《東都事略》卷一二七《西夏傳》、《釋氏稽古畧》卷四，《宋史》卷四八五《夏國傳》、《涑水記聞》卷九作"本武"。

⑧ ［校］改大慶三年曰天授禮法延祚："三年"原作"二年"，"天授禮法延祚"原作"天授"，均據《長編》卷一二二及一二三、《治蹟統類》卷七《康定元昊擾邊》、《涑水記聞》卷十一、《宋史》卷四八五《夏國傳》等改。

同請。伏望皇帝陛下，許以西郊之地，① 冊為南面之君，敢竭愚庸，常敦歡好。"朝廷議討之。元昊從此猖獗，寇陷軍州，或順或逆。

蓋自五代唐明宗天成間，縱亂剽掠，而州城被擾。且河西諸鎮，言定難節度使李仁福潛通契丹。朝廷慮其連兵併吞河右，南侵關中。長興四年三月癸未，仁福卒，② 遷其子彝超為彰武留後。彝超不奉詔，遣其兄阿羅王守青嶺門，③ 集境內党項諸胡以自守，而輕朝廷。廢帝清泰二年二月丁丑，夏州赫連勃勃所築之城，拓跋氏世居焉。節度使李彝超上言疾病，以兄行軍司馬彝殷權知軍州事。彝超尋卒。晉出帝開運元年二月壬子，詔以彝殷為契丹西南面招討使。漢乾祐二年正月甲寅，詔以靜州隸定難軍。二月辛未，彝殷上表謝。彝殷以中原多故，有輕傲之志，每藩鎮有叛者，常陰助之，邀其重賂。朝廷知其事，亦以恩澤羈縻之。周顯德二年正月庚辰，④ 定難節度使李彝興恥與折德扆並列節度，⑤ 乃塞路不通周使。正月癸未，⑥ 世宗遣供奉官齊藏珍齎詔往責之。司馬《通鑑》。⑦ 至宋太平興國七年五月，⑧ 李繼捧來朝，太宗嘉之。詔授彰德軍節度。賜姓趙，名保忠，留京師奉朝請。仁宗寶元戊寅，⑨ 趙元昊僭稱帝，至是丁亥七月二十七日元朝滅之，⑩ 止一百九十年。

元昊，德明子，以宋仁宗寶元元年僭號，在位十七年。改元開運一、廣運二、大慶二、天授禮法延祚十一。年四十六殂，諡曰武烈皇帝，廟號景宗，墓曰泰陵，子諒祚立。

諒祚在位二十年。改元延嗣寧國一、天祐垂聖三、福聖承道四、奲都六、拱化五。年二十一殂，諡曰昭英皇帝，廟號毅宗，墓曰安陵，子秉

---

① ［校］西郊之地：原作"西郊之禮"，據《長編》卷一二三、《治蹟統類》卷七《康定元昊擾邊》、《涑水記聞》卷十一、《宋史》卷四八五《夏國傳》改。

② 《資治通鑑》卷二七八載，仁福卒於長興四年（933）二月戊午，同年三月癸未，彝超為彰武留後。

③ ［校］青嶺門：原作"青嶺關"，據《資治通鑑》卷二七八改。

④ ［校］庚辰：原作"庚寅"，據《資治通鑑》卷二九二改。

⑤ 彝興：即前文"彝殷"，避宋朝宣祖廟諱改名。

⑥ ［校］正月：原作"二月"，據《資治通鑑》卷二九二改。

⑦ 參見《資治通鑑》卷二七八、二七九、二八四、二八八、二九二等。

⑧ ［校］五月：原作"十月"，據《長編》卷二三、《稽古錄》卷十七、《東都事略》卷三《太宗本紀》、《治蹟統類》卷二《太祖太宗經制西夏》等改。

⑨ 寶元戊寅：宋仁宗趙禎寶元元年（1038）。

⑩ 丁亥：宋理宗趙昀寶慶三年（1227）。

常立。

秉常在位二十年。改元乾道二、天賜禮盛國慶五、大安十一、天安禮定二。① 年二十六殂，② 謚曰康靖皇帝，廟號惠宗，墓曰獻陵，子乾順立。

乾順在位五十四年。改元天儀治平四、天祐民安八、永安三、貞觀十三、雍寧五、元德八、正德八、大德五。年五十七殂，謚曰聖文皇帝，廟號崇宗，墓曰顯陵，子仁孝嗣。

仁孝在位五十五年。改元大慶四、人慶五、天盛二十一、乾祐二十四。年七十殂，謚曰聖德皇帝，廟號仁宗，墓曰壽陵，子純佑嗣。

純佑改元天慶。開禧二年正月二十日廢逐。在位十四年。年三十殂，謚曰昭簡皇帝，廟號桓宗，墓曰莊陵。

安全，崇宗之孫，越王仁友之子。開禧二年正月，廢其主純佑自立，改元應天，在位六年。年四十二殂，謚曰敬穆皇帝，廟號襄宗，墓曰康陵，遵頊立。

遵頊，以宗室為大都督府主，③ 不詳其得繼立之由。改元光定。傳位於其子德旺。年六十四殂，謚曰英文皇帝，廟號神宗。

德旺，年四十六殂。改元乾定。廟號獻宗。

清平郡王子、南平王睍立二年為元所取，國遂亡。

夏州北渡烏水，④ 經賀麟澤、拔利干澤、過沙，次内橫劃、沃野泊、長澤、白城，百二十里至可朱渾水源。又經故陽城澤、橫劃北門、突紇利泊、石子嶺，百餘里至阿頼泉。又經大非苦塩池，六十六里至賀蘭驛。又經庫也干泊、彌鵝泊、榆禄渾泊，百餘里至地頼澤。又經步拙泉故城，八十八里渡烏那水，經胡洛塩池、紇伏干泉，四十八里度庫結沙，一曰普納沙，二十八里過橫水，五十九里至十賁故城，又十里至寧遠鎮。又涉屯根水，五十里至安樂戍，戍在河西堧，其東堧有古大同城。今大同城故永濟

---

① ［校］二：本志原同《宋史》卷四八六《夏國傳》，均作"一"，李華瑞《西夏紀年綜考》一文據西夏王陵出土殘碑及《重修護國寺感通塔碑銘》等改。
② ［校］二十六：原作"三十六"，據《宋史》卷四八六《夏國傳》改。
③ 《宋史》卷四八六《夏國傳》載，遵頊以宗室策試進士及第，為大都督府主。《金史》卷一三四《西夏傳》載，遵頊先以狀元及第，充大都督府主。故遵頊非以宗室身份充大都督府主。
④ "夏州北渡烏水"句至下文"皆靈夏以北蕃落所居"句：本段史料參見《新唐書》卷四三下《地理志》。

栅也。北經大泊，十七里至金河。又經故後魏沃野鎮城，傍金河，過古長城，九十二里至吐俱麟川。傍水行，經破落汗山、賀悅泉，百三十一里至步越多山。又東北二十里至纈特泉。又東六十里至賀人山，山西磧口有詰特犍泊。吐俱麟川水西有城，城東南經拔厥那山，二百三十里至帝割達城。又東北至諸真水汊。又東南百八十七里，經古可汗城至鹹澤。又東南經烏咄谷，二百七里至古雲中城。又西五十五里有綏遠城。皆靈、夏以北蕃落所居。

西夏曩宵之叛，其謀皆出於華州士人張元與吳昊，而其事本末國史不書。比得田晝《承君集》實紀其事云：① 張元、吳昊、姚嗣宗皆關中人，負氣倜儻，有縱橫才，相與友善。嘗薄遊塞上，觀視山川、風俗，有經略西鄙意。姚題詩崆峒山寺壁在兩界間，云："南粵干戈未息肩，五原金鼓又轟天。崆峒山叟笑無語，飽聽松聲春晝眠。"范文正公巡邊，② 見之大驚。又有"踏破賀蘭石，掃清西海塵"之句。張為《鸚鵡》詩，卒章曰："好著金籠收拾取，莫教飛去別人家。"吳亦有詩。將謁韓、范二帥，恥自屈，不肯竢，乃礱大石，刻詩其上，使壯夫拽之於通衢。三人從而哭之，欲以鼓動二帥。既而果召與相見，躊躇未用間，張、吳徑走西夏，公以急騎追之，不及，乃表姚入幕府。張、吳既至夏國，夏人倚為謀主，以抗朝廷，連兵十餘年，西方至為疲弊，職此二人為之。時二人家屬羈縻隨州，間使諜者矯中國詔釋之，人未有知者。後乃聞西人臨境，作樂迎此二家而去，自此邊帥始待士矣。姚又有《述懷》詩曰："大開雙白眼，③ 只見一青天。"張有《雪》詩曰："五丁仗劍決雲霓，直取銀河下帝畿。戰死玉龍三十萬，敗鱗風卷滿天飛。"吳詩獨不傳。觀此數聯，可想見其人非池中物也。《容齋三筆》。④

---

① ［校］田晝：原作"田畫"，據《容齋隨筆・三筆》卷十一《記張元事》改。
② ［校］范文正：此三字原脫，據《容齋隨筆・三筆》卷十一《記張元事》補。
③ ［校］白：原作"句"，據《容齋隨筆・三筆》卷十一《記張元事》改。
④ 參見《容齋隨筆・三筆》卷十一《記張元事》。

寧夏志卷下

文

靈武受命宮頌并序　　唐　楊炎

臣聞享天降命惟德也，① 戡難奉時惟聖也，必有非常之運，是興撥亂之功。君以蒼生爲憂，② 不以濡足爲患；以寧濟爲業，不以脩身爲道。此陶唐所以捨而不畏，舜禹所以受而不疑。靈武宮，皇帝躍龍之所。日者奸臣竊命，四海蕩波，③ 我聖皇天帝，④ 探命曆之數，啟龍圖，作受命之書，付於我皇帝。皇帝方遊崆峒，以求至道，於是群公卿士，負玉旒金璽，⑤ 望氣芒碭之野，三進於閶闔之中曰：⑥ "臣聞在昔⑦，蚩尤連禍，大盗中國，神農氏兵莫能勝。⑧ 天降玄女，勑軒轅氏大定其災。厥後堯有九州之害而命禹，禹以四海之功而受舜。陛下主鬯大位十有九年，精爽者皆美德馨，⑨ 乾坤也必聞幽贊。玄德上達，景福有歸。六聖覬命曆之期，兆人有

---

① ［校］降命：《文苑英華》卷七七四《靈武受命宮頌并序》注曰："降命"，一作"降福"。
② ［校］是興撥亂之功君以蒼生爲憂：此同《唐文粹》卷十九上《靈武受命宮頌并序》、《乾隆甘志》卷四六《藝文·靈武受命宮頌》，《文苑英華》卷七七四《靈武受命宮頌并序》無"功"字，"君"字後小注曰"一作功"。疑《唐文粹》、《乾隆甘志》同誤。
③ ［校］蕩波：《文苑英華》卷七七四《靈武受命宮頌并序》作"波蕩"。
④ ［校］天帝：此同《唐文粹》卷十九上《靈武受命宮頌并序》，《文苑英華》卷七七四《靈武受命宮頌并序》無"天"字。
⑤ ［校］玉旒：原作"王旒"，據《文苑英華》卷七七四、《唐文粹》卷十九上、《朔方新志》卷四《靈武受命宮頌并序》改。
⑥ ［校］閶闔：《文苑英華》卷七七四《靈武受命宮頌并序》作"閶闈"。
⑦ ［校］在昔：《文苑英華》卷七七四《靈武受命宮頌并序》作"昔在"。
⑧ ［校］氏：《文苑英華》卷七七四《靈武受命宮頌并序》作"之"。
⑨ ［校］德馨：《文苑英華》卷七七四《靈武受命宮頌并序》作"馨香"。

臨難之情。① 陛下畏災運而不寧，② 棄黎元而不顧，以至仁為薄，以大寶為輕，臣等若不克所請，與億兆之眾將被髮拊膺，號於天而訴於帝矣。"皇帝唯然改容曰："豈人心歟！"

丁卯，③ 廣平王〔李〕俶、太尉〔李〕光弼、司徒〔郭〕子儀、尚書左僕射〔裴〕冕、兵部尚書〔李〕輔國，與北軍將士、西土耆老萬五千人，排闥以訴帝曰："今豺狼穴居宮闕，④ 陛下兆庶為餌，宗廟為墟。⑤ 若臣等誠懇未通，⑥ 是高祖不敢於太廟。且陛下涉渭則洪流涸，回鑾則慶雲見，布澤而川溢廣，⑦ 勤道而嘉禾生，靈祇髣髴，玄貺幽感。臣聞符命待聖而作，天運否終而會。葳蕤肸蠁，會也；睿武英明，聖也。臣等敢昧死上聞。"帝乃灑齋宮，啟金匱，嗚咽拜受。詔有司大赦天下，改元曰至德元年，尊聖父為文武大皇帝。⑧ 是日煙雲變作，士庶踴躍，黃龍見於東野，紫氣滿於天門。翌日也，⑨ 數百里衣裳會。兼旬也，數千里朝貢會。踰月也，天下兵車會。浹時也，四方戎狄會。⑩ 以一旅成百萬之師，⑪ 率胡夷平社稷之難。禮郊祀，戴聖皇，與人合誠心，以氣消天癘。⑫ 動罔不吉，歆無不報，是以白鹿擾於王庭，靈芝產於延英。化動而功成，淵默而頌聲。言禪代者陋蒼梧易姓之名，語嗣守者羞唐堯積善之辱，⑬ 述戡定者

---

① ［校］臨難之情："臨難"，《文苑英華》卷七七四《靈武受命宮頌并序》作"樂推"。"情"，《文苑英華》卷七七四、《唐文粹》卷十九上《靈武受命宮頌》均作"請"。

② ［校］不寧：《文苑英華》卷七七四、《唐文粹》卷十九上《靈武受命宮頌》均作"不處"。

③ 丁卯：唐玄宗李隆基開元十五年（727）。

④ ［校］居：《文苑英華》卷七七四《靈武受命宮頌并序》作"於"。

⑤ ［校］宗廟：《文苑英華》卷七七四《靈武受命宮頌并序》作"宗社"。

⑥ ［校］誠懇：《文苑英華》卷七七四《靈武受命宮頌并序》作"懇誠"。

⑦ ［校］川溢廣：《文苑英華》卷七七四《靈武受命宮頌并序》作"川地廣"，《唐文粹》卷十九上《靈武受命宮頌》作"川池廣"。

⑧ ［校］文武大皇帝：《唐文粹》卷十九上《靈武受命宮頌并序》作"文武太皇帝"，《文苑英華》卷七七四《靈武受命宮頌并序》作"聖皇天帝"。

⑨ ［校］翌日：《文苑英華》卷七七四《靈武受命宮頌并序》作"翼日"。

⑩ ［校］戎狄：此同《唐文粹》卷十九上《靈武受命宮頌并序》，《文苑英華》卷七七四《靈武受命宮頌并序》作"戎夷"。

⑪ ［校］成：《文苑英華》卷七七四《靈武受命宮頌并序》作"兼"。

⑫ ［校］天癘：《文苑英華》卷七七四《靈武受命宮頌并序》作"天厲"。

⑬ ［校］羞唐堯："羞"，《文苑英華》卷七七四《靈武受命宮頌并序》注曰："一作'著'"。"唐堯"，此同《唐文粹》卷十九上《靈武受命宮頌并序》，《文苑英華》卷七七四《靈武受命宮頌并序》作"陶唐"。

歎四紀而復夏，美中興者蚩三六而滅新。於戲！神祇之所歸往，品物之所法象，鼓飛龍於尺水，仗大義而東向。矢謨發號，實在茲都，願篆石宮庭，以垂萬古。俾過山澤，知風雨之奧，① 窮造化，識天地之爐。② 臣炎稽首，敢獻頌曰：

赫赫河圖，啟天之祜。③ 雲從億萬，皇在九五。惟昔陶唐，④ 克傳舜禹。濩也武也，⑤ 夫何足數。彼妖者勃，⑥ 惟暴惟貪。天實即命，⑦ 人將不堪。皇曰內禪，於再於三。盡武之善，去湯之慙。兵車百萬，⑧ 洶洶雷震。橫會九州，為行為陣。恃力者踣，從命者順。孝以奉天，神而撫運。至德唐堯，崇功大禹。旛旛北旻，垂白而覯。沛邑空歌，周原已古。徘徊頌聲，永介茲土。

中書門下賀靈武破吐蕃表⑨　　唐　權德輿

臣某等言：臣等今日面奉德音，靈武大破吐蕃、擒生斬將者，伏以睿謀武經，陰騭上略，兵符所授，攻戰多方。⑩ 蠢茲犬羊，尚勞爇燧。群師稟命，中權戒嚴。掎角相因，初設險於三覆；奇正合發，俄獻功於七擒。⑪ 數酋渠之首級，積戎械於亭候。勝氣餘勇，鼓行無前。即敘可期，有征斯在。臣等謬居樞掖，莫效涓埃。每承以律之貞，空荷止戈之運，無任慶快踴躍之至。謹奉表陳賀以聞。⑫ 貞元十四年十一月二十九日。

---

① ［校］知風雨：此同《唐文粹》卷十九上《靈武受命宮頌并序》，《文苑英華》卷七七四《靈武受命宮頌并序》作"美風雲"。

② ［校］爐：《文苑英華》卷七七四《靈武受命宮頌并序》作"縕"。

③ ［校］祜：此同《唐文粹》卷十九上《靈武受命宮頌》，《文苑英華》卷七七四作"户"。

④ ［校］陶唐：此二字下原衍"堯"字，據《文苑英華》卷七七四、《唐文粹》卷十九上《靈武受命宮頌》刪。

⑤ ［校］濩：《文苑英華》卷七七四、《唐文粹》卷十九上《靈武受命宮頌》均作"護"。

⑥ ［校］妖：此同《唐文粹》卷十九上《靈武受命宮頌并序》，《文苑英華》卷七七四《靈武受命宮頌并序》作"祅"。

⑦ ［校］即：《文苑英華》卷七七四《靈武受命宮頌并序》作"有"。

⑧ ［校］車：《文苑英華》卷七七四《靈武受命宮頌并序》作"革"。

⑨ ［校］破：《權載之文集》卷四四《中書門下賀靈武大破吐蕃表》作"大破"。

⑩ ［校］攻：《權載之文集》卷四四《中書門下賀靈武大破吐蕃表》作"公"。

⑪ ［校］七擒：《權載之文集》卷四四《中書門下賀靈武大破吐蕃表》作"九擒"。

⑫ ［校］陳賀：《權載之文集》卷四四《中書門下賀靈武大破吐蕃表》作"申賀"。

授田牟靈州節度使制　　唐　蔣伸

門下：秦築城以備虜，① 未若選將為長城。漢設策以禦戎，吾知得人為上策。況朔野之北、全涼以東，② 兵臨五城，地遠千里。非疇勞無以分爵土，非用武何以示恩威。副吾勤求，允屬雄傑。檢校金疑。③ 部尚書、金吾衛大將軍田牟，才度間生，智能兼聳，家承弓冶，業擅韜鈐，而又揭厲儒流，詳閑吏術，不戰而烽煙自息，言兵而勝負已知。洎早服官榮，常糸羽衛。流五原之懿績，播三鎮之威聲。風猷藹然，令望斯著。如一作"知"。爾弟兄之孝友，化自閨門；祖父之忠貞，書於竹帛。是用擢在環列，為予警巡，覿其形容，益見誠意。朕以党羌未滅，邊障是憂，藉汝通明，與我安撫。所宜勵清廉於虜俗，宣惠澤於戎人。恢紀律，貴乎齊刑；理蠻夷，惡其生事。藩垣北地，控帶長河。仍加毛玠之榮，不改趙堯之秩。可檢校吏部尚書、靈州節度使。

答趙元昊書　　宋　范希文④

正月日具位，某謹脩誠意，奉書於夏國大王：伏以先大王歸嚮朝廷，心如金石。我真宗皇帝命為同姓，待以骨肉之親，封為夏王。履此山河之大，旌旗車服降天子一等，恩信隆厚，始終如一，齊桓、晉文之盛無以過此。朝聘之使，往來如家。牛馬駝羊之產，金銀繒帛之貨，交受其利，不可勝紀。塞垣之下，逾三十年，有耕無戰。禾黍雲合，甲冑塵委。養生葬死，各終天年。使蕃漢之民為堯舜之俗，此真宗皇帝之至化，亦先大王之大功也。自先大王薨背，今皇震悼，累日嘻吁，遣使行吊賻之禮。以大王嗣守其國，爵命崇重，一如先大王。

昨者大王以本國眾多之情，推立大位，誠不獲讓，理有未安，而遣行人告於天子，又遣行人歸其旌節。朝廷中外，莫不驚憤，請收行人，戮於都市。皇帝詔曰："非不能以四海之力支其一方，念先帝歲寒之本意，故

---

① ［校］秦：《嘉靖寧志》卷六《遺事雜志·唐授田牟靈州節度使制》作"奏"。
② ［校］全涼：疑當作"金涼"。參見吳忠禮《寧夏志箋證》，第326頁《箋證》［四］。
③ 唐朝有吏、戶、禮、兵、刑、工等六部，無"金部"，本志編者存疑，故於"金"字下小注"疑"字。
④ 范希文：即北宋名臣范仲淹，字希文。《宋史》卷三一四、《隆平集》卷八、《東都事略》卷五九上等有《范仲淹傳》。

夏王忠順之大功，豈一朝之失而驟絕之？"乃不殺而還。假有本國諸蕃之長抗禮於大王，而能含容之若此乎？省初念終，天子何負於大王哉？二年以來，疆事紛起，耕者廢耒，織者廢杼，邊界蕭然，豈獨漢民之勞弊耶？使戰守之人日夜豺虎，競為吞噬，死傷相枕，哭泣相聞，仁人為之流涕，智士為之扼腕。天子遣某經度西事，而命之曰："有征無戰，不殺非辜，王者之兵也。汝往欽哉！"某拜手稽首，敢不夙夜於懷。至邊之日，見諸將帥多務小功，不為大略，甚未副天子之意。某與大王雖未嘗高會，嚮者同事朝廷，於天子則父母也，於大王則兄弟也。豈有孝於父母而欲害於兄弟哉？可不為大王一二而陳之。

傳曰：① 名不正則言不順，言不順則事不成。大王世居西土，衣冠語言皆從本國之俗，何獨名稱與中朝天子侔擬？名豈正而言豈順乎？如眾情莫奪，亦有漢唐故事。單於、可汗皆本國極尊之稱，具在方冊。某料大王必以契丹為比，故自謂可行。且契丹自石晉朝有援立之功，時已稱帝。今大王世受天子建國封王之恩，如諸蕃中有叛朝廷者，大王當為霸王，率諸侯以伐之，則世世有功，王王不絕。乃欲擬契丹之稱，究其體勢，昭然不同，徒使瘡痍萬民，拒朝廷之禮，傷天地之仁。《易》曰：② 天地之大德曰生，聖人之大寶曰位。何以守位？曰"仁"。是以天地養萬物，故其道不窮；聖人養萬民，故其位不傾。又傳曰：③ 國家以仁獲之、以仁守之者百世。昔在唐末，天下恟恟，群雄咆哮，日尋干戈，血我生靈，腥我天地，滅我禮樂，絕我稼穡。皇天震怒，罰其不仁。五代王侯，覆亡相續。老氏曰"樂殺人者不可如志於天下"，④ 誠不誣矣！後唐顯宗祈於上天曰："願早生聖人，以救天下。"是年，我太祖皇帝應祈而生。及歷試諸難，中外忻戴，不血一刃，受禪於周。廣南、江南、荊湖、西川有九江萬里之阻，一舉而下，豈非應天順人之至乎？由是罷諸侯之兵，革五代之暴，垂八十年，天下無禍亂之憂。太宗皇帝聖文神武，表正萬邦，吳越納疆，并晉就縛。真宗皇帝奉天體道，清淨無為，與契丹通好，受先大王貢禮，自茲四海熙然同春。今皇帝坐朝至晏，從諫如流，有忤雷霆，雖死必赦。故

---

① 參見《論語·子路》。
② 參見《周易·繫辭下》。
③ 《大戴禮記》卷六載："且臣聞之：以仁得之，以仁守之，其量百世；以仁得之，以不仁守之，其量十世。"
④ 參見《老子》第三十一章。

四海之心，望如父母。此所謂以仁獲之，以仁守之，百世之朝也。

　　某料大王建議之初，人有離間，妄言邊城無備，士心不齊，長驅而來，所嚮必下。今以強人猛馬，奔衝漢地，二年於茲，漢之兵民固有血戰而死者，無一城一將願歸大王者。此可見聖宋仁及天下，邦本不搖之驗也。與夫間者之說無乃異乎？今天下久平，人人泰然，不習戰鬭，不熟紀律。劉平之徒忠敢而進，不顧衆寡，自取其困。餘則或勝或負，殺傷俱多。大王國人必以獲劉平為賀。昔鄭人侵蔡，獲司馬公子燮，鄭人皆喜，惟子產曰：“小國無文治而有武功，禍莫大焉。”而後鄭國之禍皆如子產之言。今邊上訓練漸精，恩威以立，有功必賞，敗事必誅。將帥而下，大知紀律，莫不各思奮力效命，爭議進兵。如其不然，何時可了？今招討司統兵四十萬，約五路入界，① 著其律曰：生降者賞，殺降者斬；獲精強者賞，害老幼婦女者斬；② 遇堅必戰，遇險必奪；可取則取，可城則城。縱未能入賀蘭之居，彼之兵民降者、死者所失多矣。是大王自禍其民，官軍之勢不獲而已也。某又念皇帝有征無戰、不殺非辜之訓，夙夜於懷。雖師帥之行，君命有所不受，柰何鋒刃之交，相傷必衆。且蕃兵戰死，非有罪也，忠於大王耳；漢兵戰死，非有罪也，忠於天子耳。使忠孝之人肝腦塗地，積累怨魄，為妖為災，大王其可忽諸？朝廷以王者無外，有生之民皆為臣子，③ 何蕃漢之恨哉？④ 何勝負之言哉？

　　某與招討太尉夏公、經略密學韓公嘗議其事，莫若通問於大王，計而決之，重人命也，其美利甚衆。大王如能以愛民為意，禮下朝廷，復其王爵，承先大王之志，天下孰不稱其賢哉？一也。如衆多之情，三讓不獲，前所謂漢唐故事，如單于、可汗之稱尚有可稽，於本國語言為便，復不失其尊大，二也。但臣貢上國，存中外之體，不召天下之怨，不速天下之兵，使蕃漢邊人，復見康樂，無死傷相枕、哭泣相聞之醜，三也。又大王

---

① ［校］統兵四十萬約五路入界：《長編》卷一三〇宋仁宗慶曆元年（1041）春正月條作"先以邊兵五十萬約諸路入界"。

② ［校］婦女："女"字原脱，據《長編》卷一三〇及《范文正公集》卷九、《宋文鑒》卷一一三、《崇古文訣》卷十六《答趙元昊書》補。

③ ［校］臣子：《長編》卷一三〇及《范文正公集》卷九、《宋文鑒》卷一一三、《崇古文訣》卷十六《答趙元昊書》均作"赤子"。

④ ［校］恨：《長編》卷一三〇及《范文正公集》卷九、《宋文鑒》卷一一三、《崇古文訣》卷十六《答趙元昊書》均作"限"。

之國，府用或闕，朝廷每歲必有物帛之厚賜，為大王助，四也。又從來入貢，使人止稱蕃吏之職，以避中朝之尊。按漢諸侯王相皆出真拜，又吳越王錢氏有承制補官故事，功高者受朝廷之命，亦足隆大王之體，五也。昨有邊臣上言，乞招致蕃部首領，某亦已請罷。大王告諭諸蕃首領，不湏去父母之邦，但回意中朝，則太平之樂，遐邇同之，六也。國家以四海之廣，豈無遺才有在大王之國者，朝廷不戮其家，安全如故，宜善事主以報國士之知，惟同心嚮順，自不失其富貴，而宗族之人必更優恤，七也。又馬牛駝羊之產、金銀繒帛之貨，有無交易，各得其所，八也。大王從之，則上下同其美利，生民之患幾乎息矣；不從，則上下失其美利，生民之患何時而息哉？某今日之言非獨利於大王，蓋以奉君親之訓、救生民之患、合天地之仁而已乎，惟大王擇焉。不宣。某再拜。

夏國皇太后新建承天寺瘞佛頂骨舍利軌①

原夫覺皇應跡，月涵衆水之中；聖教傍輝，星列周天之上。蓋□□磨什，②鈍道澄圖。常表至化以隨機，顯洪慈而濟物。縱輕塵劫，愈自彰形。崇寶刹則綿亘古今，嚴梵福則靡分遐邇。我國家纂隆丕構，鏐啟中興，雄鎮金方，恢拓河右。皇太后承天顧命，册制臨軒，鼇萬務以緝綏，儼百官而承式。今上皇帝，幼登宸極，夙秉帝圖，分四葉之重光，契三靈而眷祐。粵以潛龍震位，受命册封。當紹聖之慶基，乃繼天之勝地。大崇精舍，中立浮圖，保聖壽以無疆，俾宗祧而延永。天祐紀曆，歲在攝提，季春廿五日壬子。建塔之晨，崇基疊於碔砆，峻級增乎瓴甋。金棺銀槨瘞其下，佛頂舍利閟其中。至哉！陳有作之因，仰金仙之垂範。□□無邊之福祉，□符□□之欽崇，曰叨奉作之綸言。獲揚聖果，虔抽鄙思，謹為銘曰：……③銘剝落不辨。④

---

① 牛達生《〈嘉靖寧夏新志〉中的兩篇西夏佚文》考證，本文作於夏毅宗天祐垂聖元年（1050），時當宋仁宗皇祐二年。

② 本志編者過錄碑文，凡碑文不清者用頓點表示，一個頓點代表一字，今代之以"□"符號。

③ 本志未過錄原碑銘文，今以省略號代之。《朔方新志》卷四《詞翰·承天寺碑記》則代之以"云云"二字。

④ 因銘文剝落，不可辨識，故本志原編者注曰"銘剝落不辨"，未錄銘文。

大夏國葬舍利碣銘　　右僕射兼中書侍郎平章事　　臣　張陟奉□①

臣聞如來降兜率天宫，寄迦維衛國，剖諸母脅，生□□靈。踰彼王城，學多瑞氣，甫及半紀，頗驗成功。行教□□衍之年，入涅槃。仲春之月，舍利麗黃金之色，齒牙宣白玉之光，依歸者雲屯，供養者雨集，其來尚矣，無得稱焉。我聖文英武崇仁至孝皇帝陛下，敏辯邁唐堯，英雄□漢祖。欽崇佛道，撰述蕃文。奈苑蓮宫，悉心修飾。金乘寶界，合掌護持。是致東旦名流、②西天達士，進舍利一百五十萬，并中指骨一節，獻佛手一枝，及頂骨一方。罄以銀槨金棺、鐵匣石匱，衣以寶物，□以毗沙。下通掘地之泉，上構連雲之塔。香花永□，金石周陳。所願者：保佑邦家，並南山之堅固；維持胤嗣，同春葛之延長。百僚齊奉主之誠，萬姓等安家之懇；邊塞之干戈偃息，倉箱之菽麥豐盈。□於萬品之瑞，靡悉一□之□。謹為之銘曰：□者降神兮，開覺有情。肇登西印兮，教化東行。□□之後兮，③舍利光明。一切衆生兮，供養虔誠。□□聖主兮，④敬其三寶。五百尺修兮，號曰塔形。□□□兼兮，葬於兹壤。天長地久兮，庶幾不傾。大夏大慶三年八月十日建。⑤右諫議大夫羊□書。

今考之其瘞佛頂骨曰"天祐紀曆，歲在攝提"。"攝提"在古甲子為"寅"，乃夏毅宗諒祚天祐垂聖元年、⑥宋仁宗皇祐二年，庚寅也。其藏舍利曰"天慶三年"，乃夏桓宗純祐天慶三年、宋寧宗慶元二年丙辰也。⑦

碑陰刻曰：尚書右僕射中書侍郎平章事、監葬舍利臣劉仁勗，都大勾當修塔司同監葬舍利、講經論沙門事臣定惠。

---

①　［校］奉□：《嘉靖寧志》卷二《寺觀》、《朔方新志》卷四《詞翰》均作"奉制撰"。

②　［校］東旦：《嘉靖寧志》《寧夏總鎮·寺觀》"承天寺"條之《大夏國葬舍利碣銘》、《朔方新志》卷四《詞翰·大夏國葬舍利碣銘》作"東土"。

③　［校］□□：史金波《西夏佛教史略》附錄一作"涅槃"，未說明據補理由。

④　［校］□□：史金波《西夏佛教史略》附錄一作"我皇"，未說明據補理由。

⑤　［校］大慶：原作"天慶"，據牛達生《〈嘉靖寧夏新志〉中的兩篇西夏佚文》改。

⑥　［校］毅宗：原作"英宗"。《宋史》卷四八五《夏國傳》載，諒祚諡曰"昭英皇帝"，廟號"毅宗"，據改。

⑦　［校］據牛達生《〈嘉靖寧夏新志〉中的兩篇西夏佚文》考證，《大夏國葬舍利碣銘》中"天慶三年"當作"大慶三年"，故朱栩言"乃夏桓宗純祐天慶三年、宋寧宗慶元二年丙辰也"當改作"乃夏景宗元昊大慶三年、宋仁宗景祐五年戊寅也"。

二孝贊并序　　唐　李華

靈武二孝，曰侯知道、程俱羅。目不覩朝廷之容，耳不聞韶夏之聲，足不登齊魯之境。所見戎馬、旃裘，糸於夷狄，而能生養以孝，沒奉以哀，① 穿壙起墳，出於身力，鄉人助之者。哭而反之，廬於塚次。號泣無節，侯氏七年矣，程氏三年矣。根於天性，陶我孝理，其至乎哉。埃垢積首，草生髮間。每大漠晨空，連山夜寂，人煙四絕，虎豹與鄰。擁墳椎膺，聲氣咽塞。下入九泉，上徹九天。背爛心朽，皮枯節攣。草木先秋而凋落，景氣不時而凝閉。殊鳥異獸助之，悲號萬物有極。此哀無窮大哉，二子能以孝終始乎？語曰：② 孝如曾參，不忍離其親。生既不忍，歿忍離之哉？二子之孝，過於曾氏矣。昔吳起忍與母盟，陳湯忍匿父喪。起謀復楚霸而戮死，③ 湯功釋漢恥而因廢。神道昭昭，若何無報？九州之衆，誰非人子？踐霜露者，聞風永懷。士有感一諾一顧，猶或與之死生；嘉一草一木，猶或為之歌詠。而況百行之宗，終天之感乎？華奉使朔陲，欲親徃弔焉。屬河凌絕渡，願言不果。憑軾隔川，寄聲二孝，同為《贊》一章，敢旌善人，以附惇史。其文曰：

厥初生人，有君有親。孝於親者為子，忠於君者為臣。兆自天命，降成人倫。背死不義，忘生不仁。愚及智就，為之禮文。禮文不能節其哀，繫道德之元純至哉？侯氏創鉅病殷，手足胼胝，成此高墳。蔬果為奠，茅蒲為茵。其奉也敬，其生也貧。大漠、黃沙，空山、白雲，栢庭既夕，松路未晨。寇戎接境，豺狼成群。夜黑飈動，如臨鬼神。哭無常聲，回徹蒼旻。風雨漂搖，支體鱗皴。色慘莪蒿，聲酸棘薪。苴斬三年，爾獨終身。邑子程生，④ 其哀也均。顧後絕配，瞻前無鄰。冬十一月，河水塞津。吾將弔之，⑤ 其路無因。寄誠斯文，揮涕河濱。

---

① ［校］沒：《李遐叔文集》卷一《二孝贊》作"歿"。
② 本段"語曰"參見《史記》卷六九《蘇秦傳》。
③ ［校］楚霸：《李遐叔文集》卷一《二孝贊》作"楚伯"。
④ ［校］邑子：《李遐叔文集》卷一《二孝贊》作"嗟嗟"。
⑤ ［校］弔：《李遐叔文集》卷一《二孝贊》作"唁"。

故西夏相斡公畫像贊①　　元　虞集

公姓斡氏，其先靈武人，從夏主遷興州，世掌夏國史。公諱道冲，字宗聖。八歲以《尚書》中童子舉，長通五經，為蕃漢教授。譯《論語》，註別作解義二十卷，曰《論語小義》。又作《周易卜筮斷》，以其國字書之，行於國中，至今存焉。官至其國之中書宰相而歿。夏人嘗尊孔子為至聖文宣帝，是以畫公像列諸從祀。②其國郡縣之學率是行之。夏亡，郡縣廢於兵，廟學盡壞，獨甘州僅存其跡。興州有帝廟門榜及夏主《靈芝歌》石刻，③涼州有殿及廡。皇元至元間，④公之曾孫雲南廉訪使道明奉詔使過涼州，見殿廡有公從祀遺像，欷歔流涕不能去，求工人摹而藏諸家。⑤延祐間，荆王脩廟學，盡徹其舊而新之，所象亡矣。廉訪之孫、奎章閣典籤玉倫都嘗以《禮記》舉進士，⑥從予成均於閣下，又為僚焉。間來告曰：昔故國崇尚文治，先中書與有功焉。國中從祀廟學之像，僅存兵火之餘，而泯隊於今日，不亦悲夫！先世至元所摹像，固無恙也，願有述焉，以貽我後之人。乃為錄其事而述贊曰：

西夏之盛，禮事孔子。極其尊親，以帝廟祀。乃有儒臣，蚤究典謨。通經同文，教其國都。遂相其君，作服施采。顧瞻學宮，遺像斯在。國廢人遠，人鮮克知。壞宮改作，不聞金絲。不忘其親，在賢孫子。載圖丹青，取徵良史。

寧夏莎羅模龍王碑記　　金陵　王遜

永樂二年冬十月廿八日，內使李脩召臣遜至樂善堂，傳王命曰："在

---

① ［校］故西夏相斡公畫像贊：《道園學古錄》卷四《西夏相斡公畫像贊有序》無"故"字。"斡"，原作"幹"，據《道園學古錄》卷四《西夏相斡公畫像贊有序》改。下同。

② ［校］像：《道園學古錄》卷四《西夏相斡公畫像贊有序》作"象"。

③ 1975年，寧夏博物館在西夏陵區七號陵（夏仁宗仁孝壽陵）發現《靈芝歌》殘碑，楷書陰刻，存3行31字，即："……《（靈）芝頌》一首，其辭曰：於皇□□，……俟時効祉，擇地騰芳。金量曄□，……德施率土，賚及多方。既啟有□，……"參見李範文《西夏陵墓出土殘碑粹編》圖版肆陸。

④ ［校］皇元：《道園學古錄》卷四《西夏相斡公畫像贊有序》無此二字。

⑤ ［校］工人：原作"二人"，據《道園學古錄》卷四《西夏相斡公畫像贊有序》改。

⑥ ［校］奎章閣典籤玉倫都：原作"奎章典籤玉倫徒"，據《道園學古錄》卷四《西夏相斡公畫像贊有序》改。

昔嘗夢莎羅模龍神祠，今已新其棟宇，舉所當祭而麗牲之，碑未有刻文，故茲命汝。"臣遜既退，伏讀王之《夢記》曰："予以蒐出，軍次峽口，遇天大雪苦寒，心為人憂。夜夢山林謁於神祠，不知何神，問之守者，對曰：'此為莎羅模龍神祠也。'殿閣門廡，金碧粲然。典禮者導予登自東階，見服霞帔若后妃者南面而坐，旁侍二女，前列一几，上置牛首，拜茵織成山川五彩狀。予欲拜際，見衣玄衣、執圭若王者令人答予拜。及去，予始就拜茵，有一青衣答拜，皆襃拜乃止。予欲退際，則霞帔者起坐仇酒飲。予以辭，尋自飲已，復仇酒授予，知辭不獲，竟飲而寤。實改元春正月廿五夜也。① 明日問之地著，對曰：'去此西不三舍，信有所謂莎羅模山焉，下有三泉涌出地中，雷鳴電迅，瑩綠澄清，其深叵測，而為莎羅模、祈答剌模、失哈剌模三龍王之蟄窟。② 於禱旱澇，雨暘輒應，一方賴之。昔有其祠，燬於元季，今存瓦礫而已。'與予夢符，乃嗟異曰：'人神道殊，幽明理一。舉祭在予，不可緩也。'因遣官致祭，於往，雪寒如昨。既竣事，則陰霾四開，太陽宣精，春意盎然。軍人懽謠，予則易憂為喜矣。"揆之《夢記》，是非山林川澤之神感乎王之憂人，亦欲效職封內，以禦菑捍患之功，食祭無窮，故見於夢者若此乎？

謹按：春官大宗伯掌建邦之天神、③ 人鬼、地示之禮，以今《夢記》，則繫地示，其祭有三。以貍沈祭山林川澤，為血祭、疈辜之一。蓋血祭用之以祭社稷、五祀、五嶽，疈辜用之以祭四方百物，皆所以祭地示也。今夫賀蘭在封內為名山，延亘數百里，以限夷夏。若莎羅模山者則為賀蘭之首，峭拔極天，巖谷庨豁，林木蔽虧，以逆河流九曲到海之勢。繫祭山林川澤以貍沈者，於是乎在西望崑崙，乃王母所理陰氣之都會。若王之夢霞帔者，豈其闡靈歟？不然，奚以牛首置几哉？以牛在十二支為丑，土象也。矧崑崙又名地首，其為王母闡靈足徵矣。若玄衣者即地著，所謂龍王也。其神玄衣，水象也。龍為辰，變化惟能，以十甲戌加子，至辰為壬，乃水化也。以壬加子，至辰為丙，乃火化也。雨屬水，暘屬火，於禱旱澇而雨暘輒應者，非繇龍為辰，變化惟能哉。若登自東階者，東階以登主，

---

① 改元：明惠帝朱允炆建文元年（1399），朱橚避朱棣篡位之諱而稱"改元"。
② ［校］失哈剌模：本志卷上《山川》作"石哈剌模"。
③ ［校］大宗伯掌建邦之天神："大宗"原作"太宗"，"天神"原作"大神"，均據《周禮·春官·大宗伯》改。

西阶以登客，礼也。惟君临臣则不然。臣统於君，故登自东阶，示主人神可知也。若拜茵织成山川状者，亦示山林川泽之祭，封内所当举，是故其神之欲食祭隙，王欲拜阐灵，而先令人答王拜也。於际欲退，则阐灵者饮以仇酒，嘉栗馨香，而王竟饮者，以明国祚之与地首同其悠久，又足徵矣。嗟乎！为君之主人神大矣哉。是宜山林川泽之神感乎王之忧人，亦欲效职封内，以禦菑捍患之功，食祭无穷，故见於梦者若此也。《记》不云乎？"人神道殊，幽明理一"。王言及此，社稷之福，真经言也。今已新其栋宇，举所当祭。臣逖不敏，敢措辞哉。然职在文学，不可以辞，窃取左氏传经之义，用释《梦记》经言於丽牲之碑，且俾後之观者，知所起敬焉。辞曰：

为梦有三，致觭咸陟。精神所感，得今占吉。致出思虑，而至有因。昼之俯仰，为觭繇人。无心感物，无所拘滞。乃咸陟为，各有其意。揆今《梦记》，可谓兼之。军次峡口，俯仰在兹。雪寒人忧，思虑则是。神之感乎，有因而至。亦欲效职，感物无心。拘滞何有，所梦山林。睠兹贺兰，奠安西夏。若莎罗模，则其为亚。阴阳二气，金母木公。雨旸生物，共理西东。知是名山，脉来地首。国祚足徵，与同悠久。以人神主，实在为君。事见於梦，朌蟴纲缊。惟仁存心，克念王制。山川神示，举所当祭。道殊理一，经言可尊。传义窃取，用释经言。人忧乃仁，祭举乃义。请视刻碑，可知世世。

宜秋楼记　　凝真

予居夏之七年，於城东金波湖南择地之爽塏者构楼焉，四皆田畴，凭阑纵目，百里毕见，名之曰"宜秋"。客有谓予者曰："凡天地山川、园池之景物，於春为盛，故人有游春、探春者，以悦乎心目，发为歌诗，有宴乐嬉戏之意焉。昔人有名楼阁园亭曰望春、丽春、宜春、熙春者，盖春之景，可以动人者故也。若秋，则天地气肃，草木摇落，风景萧条，故人皆觌而悲之，以怆神感怀发为歌诗，咸道离情羁思之苦。今子名楼曰'宜秋'，其亦有说乎？"予应之曰："春之景美矣丽矣，娇艳备矣，信可以娱目怡情矣，然而求其有补於政教者，无乃无从而得乎？特贵公子、侠客之乐也，非大人、君子之乐也。今予名楼曰'宜秋'，其义大矣。四五月间，麦秋至，登楼眺远，黄云万顷，瀰满四野。七八月间，禾黍尽实，东皋西畴，葱茏散漫，芃芃薿薿，极目无际。有民社寄者，值时年丰，置酒邀賓，覘禾黍之盈疇，金穗纍纍，異畝同穎。聽老農鼓腹謳歌帝力，則心豈不樂乎？苟七八月之間，旱苗將槁矣，或水潦橫流，浸及隴畝，野生螟螣，略無禾苗，農夫田婦，哭泣相對，則其心寧不憂乎？其心之樂也，舉酒相屬，作為詩章，歌樂太平，勤政恤刑，慎終如始，荷天之休，作人父母。其心之憂也，天災歲惡，人咸乏食，食不足則飢餒生焉、盜賊出焉。且夫飢餒生則人不聊生矣，盜賊出則竟土靡寧矣。其當省躬自責，果刑濫有東海孝婦事歟？抑政有不舉者歟？抑賄賂請謁行歟？敬天之戒，改過修省，庶乎可以弭天之災，以致年豐穀登，免飢餒盜賊之事也。然則登斯樓者，非徒憑高眺遠，傾銀烹羔，鳴鐘擊鼓，列翠鬢羅綺，雜管絃之為樂，蓋亦樂人之樂、憂人之憂也。其水光山色，風月佳景，特末事耳。付之騷客詩人，登遊歷覽，一觴一詠，以寫情寓懷，豈比夫春景美麗，公子俠客賞花踏青，雕輪寶馬，攜妖姬麗人，尋芳逐勝。圖一時耳目之娛樂，為無益事耳。由是而觀，樓之有補於政教多矣，名之'宜秋'不其宜乎？"客唯而退。因召管子，命墨卿書之為記云。

端午宴集麗景園詩序 效王勃、駱賓王體。　　　凝真

永樂六年仲夏五月，節臨端午，律中蕤賓，海宇晏安，沐聖朝之化，烽塵寧息。喜邊徼之安，群賢以雄藩勝地，美景良辰，不有讌遊，何以寫興？於是藩閫將臣，兔園英俊，搢紳之士，縫掖之儒，咸濟濟而集於麗景園矣。薰風南來，炎暑暫退。紅蓮蕊裏，開玳瑁之筵；翠柳陰中，列珍羞之味。金盤堆黍，翠缶傾銀。作賦弔汨羅之魂，伐鼓祀蒼梧之守。泛舟璧沼，擬龍船競渡於湘江；插髻神符，效赤靈辟兵於朴子。蘭湯艾酒，絳索綵絲。易河朔之風，習荊楚之俗。喧嘩滿座，笑語移時。振揚文鋒，開闢武庫。暮春三月，羲之有蘭亭曲水之文；序屬九秋，王勃有滕王高閣之記。酒闌日暮，請效前修。灑翰雲箋，摘辭彩筆。人為四韻，用記一時之勝遊云耳。

寧夏舊八景詩序　　　三山　陳德武

番易陳宗大，好事而嗜詩者也。戍邊久，將請告南還。散餘貲，收善楮，裝潢為長卷。干繪事者圖《寧夏八景》，繫同志詩於後，屬予序之，以重行色。予曰："山川景物，在處有之，以人而重。金華八詠，沈休文倡之；盛山十二詩，韋德載繼之；虢州二十一詠，韓退之和之。後以八景

命題，則無人無之。然不過寫風雲雪月之清奇，禽魚花木之閑麗，以洩其得喪哀樂之情也。子今挾是而歸，將為金多致恭耶？抑為敞裘取倨耶？聞子有倚門之親，幹蠱之子，九弟親朋，守望閭里。予不知子囊中之金，足具甘旨食饗，以敘平昔之驪否？而於倨與恭，奚居之？"宗大曰："貴富顯揚，人孰不欲？是有命焉，不可幸致也。請試觀斯夏之境內，其遠者曰黑水故城，邇者曰夏臺秋草。當其勢之方張，蒸土校錐，以圖永固，增金索幣，以居強大。一時之鎧騎健兒、歌樓舞榭，今皆變為寒煙、鞠為衰草而已。亞於水曰黃沙古渡，但見風波浩浩，鷗鳶欲墮，河檉搖紅，葦花飛白。昔之車塵馬跡，皆為狐兔之區，而輕舟短棹、長年三老之屬，已移於高橋、楊家渡矣。附於臺曰長塔鐘聲，惟見折觚刱稜，倒影在地。向之金碧莊嚴，幻為瓦礫之場，而追蠡解紐，已徙於戍樓矣。郭之南下，春煙霏霏，柔綠如染，秋風颼颼，黃葉誰惜，是曰官橋柳色。送故迎新，離歌別酒，攀折無算，吾不知其幾榮枯也。郊之西北，蒼蒼茫茫，如藩屏，如堡障，盤踞數百里，時呈六花，以告豐歲，是曰賀蘭晴雪。此天以表裏山河，限固疆圉者也。山之東曰良田晚照，河之西曰漢渠春水。襟帶左右，膏腴幾萬頃。因昔之功，為今之利。荷鍤成雲，決渠為雨。乃吾戍士衣食之源，所當勤勞之地也。蓋庸情勞則思，思則善心生，善心生則能守其身而不失，際無事之日，為太平之人。俯仰今古，得不足恃，失不為恥。耕鑿之餘，遊戲翰墨，吟咏性情，以和擊壤，得非生憂患、行貧賤之謂乎？念自濠上應募，繇武功移於斯，將彌一世所閱，金多敞裘，存亡者衆矣。吾今獲保遺體而歸，定省之暇，敷斯言於北堂之上，足以致吾親之驪，兄弟子孫、親朋閭里亦聚驪焉。非為可以取驪，亦可以垂教子孫，使之服勞思善，以守其身，庶無負於名教，又何彼縱橫者恭倨之足云。"予作曰："子言良是，前言戲耳。雖然，予么眇言輕，不足為子重，將道中華觀望之邦，抵西江文章之奧。遇有退之、德載、休文輩，人出以取正，更求其大手筆以發揮之。俾塞上之景，當與虢州、盛山、金華並傳於世，以流於後邊戍，又足以起予之陋，以成子好事嗜詩之名，不亦韙歟？"宗大曰："然。"遂借書於圖左。

夏城城隍神應夢記　　凝真

宣德壬子春，① 予以攝養乖方，致痼疾復作，氣填胷臆，痛楚異常，

---

① 宣德壬子：明宣宗朱瞻基宣德七年（1432）。

服藥問醫，涉旬弗瘥。三月十有七日丙子，命奉祠馬良，禱祭於夏城城隍之神。牢體豐潔，酹之以樂。是夜二鼓，夢一介冑佩劍者趨進曰："臣職司衛門者，有貴客來謁，敢告。"予聞之，冠袍以俟。少焉，一偉丈夫幞頭緋衣，腰金秉笏而進，貌甚恭肅。賓主禮畢，謂予曰："僕夏城之城隍神也，感君之惠，故來謝耳。"予因問："予之疾苦，歷年既久，發動無時，今者痛楚異常，醫藥罔效，豈大限將至耶？幸為告我。"神曰："不至於是。但君之疾，攝養乖方所致耳，不旬日當愈，願勿以為憂也。"予又問："公在生時為何代人？姓字為誰？其悉以告我，我當為公作文以示諸人，俾得以知公之明靈有如是也。"神曰："君但知為生時有功於國家、德及於民者可矣，何用姓字為？且幽明道殊，不湏問也。夫人生兩間，居中土為男子，出仕於朝，當效忠節於君。居家，則思盡孝於親。處昆季之間，當以友恭。於夫婦，則當和順，敬待如賓。待交朋，當以誠信。接下人，當以仁恕。不欺暗室，無愧俯仰。生為善人，故死之日，冥司舉錄簡在，帝心命之，為神各有所司，以福佑下民也。君豈不聞晉宣城內史桓彝，死蘇峻之難，上帝以其忠節可嘉，命之為宣城城隍。至唐開元間，有死而復生者，尚見其為城隍神。斯豈妄乎？"予又問："人生世間，陰府所紀錄者，何罪為大？"曰："莫大於不忠不孝，次者莫重於殺生。太上以好生為德。凡居官者，處事之際，或有所惡，因之發怒。或受財聽囑，害及無辜。富豪之家，罔知節儉，奢侈是矜，或荒於漁獵，或耽於酒色、筵宴之間。誇大飲食，惟知適口，水陸備陳，戕害物命。邪媱，亦罪之大者。小人以小惡為無傷，纖惡隱慝，以為人莫我知，肆意而為。殊不知明明在上，照臨有赫，巨細莫隱。一旦罪盈惡稔，陽則受王誅，陰則被鬼錄。報應之速，有若影響，罔有差忒。今之居官者，貪饕無厭，惟財利是求，於國家錢穀，侵剋盜隱，數盈鉅萬。剝削下民，賣官鬻獄，賄賂公行。為商者乘時射利，昧己欺人，貿遷有無，爭錐刀之末。為賊盜者，穿窬踰垣，恣為寇攘，劫奪行旅。戕命圖財，自以為得計，可以潤家肥身，為子孫千百年家業之計。久而人怨神怒，俾之敗露，財散身亡，家業陵替，禍及子孫，此亦神之報也。《易》曰：① 鬼神害盈而福謙。古語曰：斛滿，人概之；人滿，神概之。自然之理也，君何疑焉？"因辭而退，予亦夢覺。

---

① 參見《周易·謙卦》。

噫！神，《左傳》所謂"聰明正直而一者也"。① 今夏城之城隍神，能入夢，告予以人之罪福所致，俾世人知所趨避，於以見神道之不誣。城隍神之聰明、正直，言報應之理，有如是昭昭者，可不慎歟？《周禮》六夢之占，② 昔鄭人之夢伯有此，因懼而夢也。予疇昔之夢，非由思慮所致也。其正夢乎？因筆記之，以示諸人。是月廿日己卯，凝真子書。

題詠

老將行　　唐　王摩詰③

少年十五二十時，步行奪取胡馬騎。
射殺陰山白額虎，肯數鄴下黃鬚兒？
一身轉戰三千里，一劍曾當百萬師。
漢兵奮迅如霹靂，虜騎崩騰畏蒺藜。
衛青不敗由天幸，李廣無功緣數奇。
自從棄置便衰朽，世事蹉跎成白首。
昔時飛雀無全目，④ 今日垂楊生左肘。⑤
路傍時賣故侯瓜，門前學種先生柳。
茫茫古木連窮巷，寥落寒山對虛牖。
誓令疏勒出飛泉，不似潁川空使酒。
賀蘭山下陣如雲，羽檄交馳日夕聞。
節使三河募年少，詔書五道出將軍。
試拂鐵衣如雪色，聊持寶劍動星文。
願得燕弓射天將，恥令越甲鳴吾君。⑥
莫嫌舊日雲中守，猶堪一戰樹功勳。

---

① 參見《左傳‧莊公三十二年》。
② 《周禮‧春官‧占夢》載，占夢掌其歲時，觀天地之會，辨陰陽之氣，以日月星辰占六夢之吉凶，一曰正夢，二曰噩夢，三曰思夢，四曰寤夢，五曰喜夢，六曰懼夢。
③ 王摩詰，即唐朝著名詩人王維，字摩詰，太原祁（今山西祁縣）人。
④ ［校］飛雀：原作"飛箭"，據《王右丞集箋注》卷六《老將行》改。
⑤ ［校］生左肘：原作"左右肘"，據《王右丞集箋注》卷六《老將行》改。
⑥ ［校］吾君：原作"吳軍"，據《王右丞集箋注》卷六《老將行》引清朝趙殿成校勘結論改。

送李騎曹之靈武寧侍① 　　唐　郎士元②

一歲一歸寧，涼天數騎行。
河來當塞曲，山遠與沙平。
縱獵旗風卷，聽筋帳月生。
新鴻引寒色，回日滿京城。

送太常大夫加散騎常侍赴朔方　　唐　皇甫冉

故壘煙塵促，③ 新軍河塞間。
金貂寵漢將，玉節度蕭關。
散漫沙中雪，④ 依俙漠口山。⑤
人知寶車騎，計日勒銘還。

和裴舍人觀田尚書出獵　　唐　楊巨源

聖代司空比玉清，雄藩觀獵見皇情。
雲禽已覺高無益，霜兔應知狡不成。
飛鞚擁塵寒草盡，彎弓開月朔風生。
今朝始賀將軍貴，紫集詩人看旆旌。

送鄒明府遊靈武　　唐　賈島

曾宰西畿縣，三年馬不肥。

---

① ［校］送李騎曹之靈武寧侍：《文苑英華》卷二八四題作《送威衛李騎曹之靈武寧省》，《唐僧弘秀集》卷三題作《送李騎曹之武寧》。

② ［校］郎士元：《文苑英華》卷二八四《送威衛李騎曹之靈武寧省》、《唐僧弘秀集》卷三《送李騎曹之武寧》均著此詩作者爲僧人"無可"。

③ ［校］煙塵促：此同《唐百家詩選》卷十《送太常大夫加散騎常侍赴朔方》，《皇甫冉詩集》卷三《送常大夫加散騎常侍赴朔方》作"煙霞後"。

④ ［校］散漫：此同《唐百家詩選》卷十《送太常大夫加散騎常侍赴朔方》，《皇甫冉詩集》卷三《送常大夫加散騎常侍赴朔方》作"澶漫"。

⑤ ［校］漠口：此同《唐百家詩選》卷十《送太常大夫加散騎常侍赴朔方》，《皇甫冉詩集》卷三《送常大夫加散騎常侍赴朔方》作"漢口"。

债多凭剑舆，① 官满载书归。
边雪藏行迳，② 林风透卧衣。
灵州听晓角，客馆未开扉。

送李骑曹灵州归觐　　唐　张籍
翩翩出上京，几日到边城。
渐觉风沙处，还将弓箭行。
席箕侵路暗，野马见人惊。
军府知归庆，应教数骑迎。

送灵州田尚书　　唐　薛逢
阴风猎猎满旗竿，白草飕飕剑戟攒。③
九姓羌浑随汉节，六州蕃落从戎鞍。
霜中入塞雕弓硬，④ 月下翻营玉帐寒。
今日路傍谁不指，⑤ 穰苴门户惯登坛。

送卢潘尚书之灵武　　唐　韦蟾
贺兰山下果园成，塞北江南旧有名。
水木万家朱户暗，弓刀千骑铁衣明。⑥
心源落落堪为将，胆气堂堂合用兵。
却使六蕃诸子弟，⑦ 马前不信是书生。

---

① [校] 凭：《长江集新校》卷三《送邹明府游灵武》作"平"。
② [校] 行迳：《长江集新校》卷三《送邹明府游灵武》作"行径"。
③ [校] 剑戟：《文苑英华》卷二八一《送灵州田尚书》作"剑气"。
④ [校] 硬：《唐诗品汇》卷八九《送灵州田尚书》作"响"。
⑤ [校] 路傍：《唐诗品汇》卷八九《送灵州田尚书》作"路旁"。
⑥ [校] 千骑铁衣明："骑"，《唐诗纪事》卷五八、《全唐诗》卷五六六《送卢潘尚书之灵武》均作"队"。"明"，《唐诗纪事》卷五八、《全唐诗》卷五六六《送卢潘尚书之灵武》均作"鸣"。
⑦ [校] 子弟：《唐诗鼓吹》卷四《送卢潘尚书之灵武》作"弟子"。

西征① 宋 張舜民

靈州城下千株柳，②總被官軍斫作薪。③
他日玉關歸去路，④將何攀折贈行人？⑤

青銅峽裏韋州路，⑥十去從軍九不回。
白骨似沙沙似雪，⑦憑君莫上望鄉臺。⑧

題楊得章監憲賀蘭山圖 元 貢泰父⑨

太陰為峰雪為瀑，萬里西來一方玉。
使君坐對賀蘭圖，不數江南衆山綠。

西夏八景圖詩序 明 凝真

洪武戊寅冬，⑩予自韋州來寧夏，道路凡三百餘里。歷觀經涉之所，因山川之勝槩，思所以賦之詩而未得暇。及後欲經營新宅，遂登高眺逺，披閱地圖，若黄河之襟帶東南，賀蘭之蹲峙西北，天開地設，雄鎮藩畿，亦可謂殊方之勝地矣。徘徊久駐，慨然興懷。不覺落日之西沉，寒風之襲衣，追思徃昔，有動於詩情。因古有八景詠題，又重而刪修之，曰賀蘭晴雪、漢渠春漲、月湖夕照、黄沙古渡、靈武秋風、黑水故城、官橋柳色、梵刹鐘聲，隨題而賦之詩，以見風景之佳、形勝之勢、觀游之美，無異於中土也。

---

① 《西征》詩共2首。
② ［校］城下：《東原錄》作"城外"。
③ ［校］總被官軍斫作薪：《宋史》卷三四七《張舜民傳》作"斫受降城柳為薪"。"斫"，《四庫》本《東坡志林》卷四作"砍"。
④ ［校］他日玉關歸去路："玉關"，《類說》卷十作"陽關"。"路"，《仇池筆記》卷下、《類說》卷十作"後"。
⑤ ［校］攀折：《類說》卷十作"扳折"。
⑥ ［校］青銅峽：《仇池筆記》卷下、《東原錄》作"青岡峽"。
⑦ ［校］似沙沙似雪：《仇池筆記》卷下作"似山山似雪"。
⑧ ［校］憑君莫上望鄉臺："憑君"，《四庫》本《東坡志林》卷四、《仇池筆記》卷下、《畫墁集》卷四等均作"將軍"。"莫上"，《東原錄》、《畫墁集》卷四均作"休上"。
⑨ 貢泰父：即元朝貢師泰，字泰甫，《元史》卷一八七有傳。
⑩ 洪武戊寅：洪武三十一年（1398）。

賀蘭晴雪
嵯峨高聳鎮西陲，勢壓群山培塿隨。
積雪日烘巖冗瑩，曉雲晴駐岫峰奇。
喬松風偃蟠龍曲，怪石氷消卧虎危。
屹若金城天設險，雄藩萬載壯邦畿。
漢渠春漲
神河浩浩來天際，別絡分流號漢渠。
萬頃腴田憑灌溉，千家禾黍足耕鋤。
三春雪水桃花泛，二月和風柳眼舒。
追憶前人疏鑿後，於今利澤福吾居。
月湖夕照
萬頃清波映夕陽，晚風時驟漾晴光。
暝煙低接漁村近，遠水高連碧漢長。
兩兩忘機鷗戲浴，雙雙照水鷺游翔。
北來南客添鄉思，仿佛江南水國鄉。
黃沙古渡
黃沙漠漠浩無垠，古渡年來客問津。
萬里邊夷朝帝闕，一方冠蓋接咸秦。
風生灘渚波光渺，雨過汀洲草色新。
西望河源天際闊，濁流衮衮自崑崙。
靈武秋風
翠輦曾經此地過，時移世變奈愁何。
秋風古道聞笳鼓，落日荒郊牧馬駝。
遠近軍屯連戍壘，模糊碑刻繞煙蘿。
興亡千古只如此，不必登臨感慨多。
黑水故城
日落荒郊蔓草寒，遺城猶在對殘陽。
秋風百雉蘚苔碧，夜月重關玉露涼。
枯木有巢棲野雀，斷碑留篆卧頹牆。
遶城黑水西流去，不管興亡事短長。
官橋柳色
橋北橋南千百樹，綠煙金穗映清流。

青開媚眼窺人過，翠染柔絲帶雨稠。
沒幸章臺成別恨，有情灞岸管離愁。
塞垣多少思歸客，留着長條贈遠遊。

梵剎鐘聲
觚稜殿宇聳晴空，香火精嚴祀大雄。
蠡吼法筵聞梵唄，鈴鳴古塔振天風。
月明丈室僧禪定，霜冷譙樓夜漏終。
忽聽鐘聲來枕上，驚回塵夢思無窮。

麗景園八詠　　靜明[①]

鶴汀夜月
高人無寐坐深更，可愛淒清皓月明。
寥唳一聲空廊外，恍如僊約赴蓬瀛。

鳧渚秋風
鳧鷖南向度洪河，幾逐清秋潋艷波。
又向渚晴沙白處，暫時舒翼賞心多。

桃蹊曉日
大造無私發育齊，萬花開處日遲遲。
遊人只為尋芳去，苔蘚爛斑已作蹊。

杏塢朝霞
扶桑雲散日曈曨，一片紅霞漾曉風。
有景莫教虛度却，人生憂樂古難同。

蓮塘清露
花開紅日畫清波，其奈吟懷對此何。
零露下天船過處，渾如淚濕醉顏酡。

璧沼煖波
鑿水如環映彩霞，分明呈出一層花。
韶光淑氣相逢日，戲綠金鱗兩兩斜。

積翠浮光
水光如鏡柳沿堤，天色蒼蒼隱映低。

---

① ［校］靜明：此二字原在下文詩題"鶴汀夜月"四字下，據本志書例移至此。

不是萬花張綉模，波浪應與老穹齊。
晴虹弄影
遙天湛湛一長虹，宛似斑龍飲水中。
好景不嫌多點染，無端增却醉顏紅。

金波湖棹歌十首
冉冉芙蕖映翠荷，隨風翻覆動金波。
雲收一夜好明月，載酒扁舟聽浩歌。

景光疑似弱流東，汨汨靈源觸處通。
一葉飄搖任來徃，茫茫塵世樂誰同？

一曲清歌酒未闌，遊魚飛鷺足人看。
予聞樂者為之樂，可向閑中適意歡。

款款歌聲在在聞，謾言吹笛解穿雲。
半酣麝墨霑宮錦，應學前賢寫練裙。

此湖風景入春饒，幾撥浮萍動畫橈。
欸乃一聲人已醉，乾坤清氣夜寥寥。

平湖如鏡冷涵天，秀出芬芳萬朵蓮。
宿鷺驚飛無別事，小舟又過小汀前。

特地浮舟納晚涼，水光還與月爭光。
採蓮人在玻瓈界，兩袂芙蕖冉冉香。

畫船搖向藕花西，一片歌聲唱和齊。
黃鳥也知人意樂，時時來向柳間啼。

點點蜻蜓貼水飛，錦鱗紅萼兩相依。
忽從撥剌聲中看，颭濕生綃五月衣。

湖湖湛湛照人清，夜霽時常侵月明。
徹曉移舟看不盡，一聲聲是採蓮聲。

寧夏舊八景詩　　三山　陳德武①
賀蘭晴雪
六花飛罷净塵裳，貴富家翁做意慳。
滿眼但知銀世界，舉頭都是玉江山。
嚴凝藉雪風威裹，眩曜爭光日色間。
獨有詩人憐短景，賀蘭容易又青還。
月湖夕照
百頃平湖月樣圓，光涵倒影欲黃昏。
天邊烏兔端相望，水底魚龍不敢吞。
近見釣耕方輟業，遠看樵牧已歸村。
老夫願覷昇平景，野處人家不閉門。
官橋柳色
邊城寒苦惜春遲，三月方看柳展眉。
金搭畫欄黃尚淺，絲淹流水綠初垂。
染增新色綠煙雨，折減長條為別離。
可幸嬌鶯飛不到，等閑烏鵲鬧爭枝。
梵刹鐘聲
袑褆新景鎖雲煙，寶塔初修出半天。
譙扣鯨音號百八，聲傳世界盡三千。
分明雲臥晨欹枕，恍惚楓橋夜泊船。
獨有胡僧渾不省，氈裘擁耳但高眠。
漢渠春漲
崑崙雪化走流澌，九曲溶溶入漢渠。
隄長漲痕過塞雨，壤分公利得河魚。
匹夫不奪耕耘際，萬頃皆沾潤澤餘。
囊底春秋無用筆，不妨常報有年書。

---

① ［校］三山陳德武：此五字原在下文詩題"賀蘭晴雪"四字下，今移至此。

靈武秋風

靈武涼飆却暑氛，試彼輿地考遺文。
渠流自漢初開郡，草次經唐進撫軍。
陳跡事功隨落葉，明時禾黍偃黃雲。
客懷感此緘離思，恰遇南歸鴈一群。

黑水故城

一浮黑水尚流東，陽有頹垣草莽中。
不務養人歸市德，徒勞蒸土校錐功。
宛骸白露泥中雨，燐火青吹月下風。
顧彼亡胡何足惜，可憐司馬沒英雄。

黃沙古渡

天塹西來禹跡陳，高橋北下是通津。
造成蕩蕩搖搖棹，渡盡忙忙汲汲人。
雪浪休風明似練，冰梁映日净如銀。
賀蘭設險金城固，護此湯池壯塞濱。

舊西夏八景　　金陵　王遜①

夏宮秋草

壞宮秋草滿，猶說李王朝。
鴛瓦埋兵碎，龍墀沒火焦。
霜摧晨慘慘，雨腐夜迢迢。
知有英雄在，為螢弔寂寥。

漢渠春水

崑崙萬古雪，作水注黃河。
大漢為渠久，中原決處多。
瞻天慳夏雨，謫戍賴春波。
歲歲豐糜粟，宜聞擊壤歌。

賀蘭晴雪

雪積賀蘭尖，寒於霽景嚴。
三冬争皎皎，六月息炎炎。

---

① ［校］金陵王遜：此四字原在下文詩題"夏宮秋草"四字下，今移至此。

天不空桑異，人如地首瞻。
可堪頭白者，留滯悵窮檐。

良田晚照
斜日照良田，關心匪少年。
纔看離若木，又歎薄虞泉。
人老餘光際，牛耕寸晷邊。
似傷羈佃意，欲沒更留連。

長塔鐘聲
鳴鐘長塔寺，不見昔年僧。
聲寂三千界，音銷十二層。
廢基妻塚在，陳跡牧兒登。
有待莊嚴日，無常驗智興。

官橋柳色
官橋千樹柳，一路照征袍。
色可黃金比，絲非綠繭繰。
春容知不愧，客意歎徒勞。
送別青青眼，何時見我曹。

黑水故城
築城當黑水，想像赫連時。
用力疲蒸土，勞心校入錐。
一朝歸輂轂，千載穴狐狸。
斗絕誰過此，惟增謫戍悲。

黃沙古渡
神河疏九曲，古渡限黃沙。
棹檥橫波急，人臨兩岸嗟。
弄兵胡恃險，拓地漢為家。
水出金鮎鉅，充庖味獨佳。

西夏重陽　　金陵　王遜

作縣幾時同志苦，投荒萬里倍情真。
功名炊黍尋常夢，怪事書空感激人。
擊柝徒吟胡地月，屯田也食漢渠春。

艱難薄俗猶多事，漂泊南冠愧此身。

喜見賀蘭山　　金陵　王遜
賀蘭河外起崢嶸，一見令人自有情。
昔出邊城曾與別，今歸謫戍若相迎。
白雲萬丈長飛練，碧樹千行密擁旌。
慚愧山靈多古意，老來巖戶足偷生。

題賀蘭行色圖送人歸浙東　　閩中　黃朝弼
人在茅廬傍賀蘭，綸音日下賜南還。
尊思吳越秋何早，舡過江淮夜且閒。
樹老青松寒歲志，花開紅杏暮春顏。
料君回首相思意，又說興州是故山。

塞北春遲　　閩中　黃朝弼
塞北迢迢天一涯，每憐衰鬢望韶華。
千年陰壑冰還凍，三月陽坡草始芽。
對景宜堅松栢操，趁時未許杏桃花。
春情正在遲遲處，堪笑人將羯鼓撾。

戊戌歲金波湖合歡蓮①　　凝真
聖澤周流遍八埏，窮邊喜見合歡蓮。
同根一柄凌波出，共蒂雙頭照水妍。
二女並肩遊漢日，兩喬低首讀書年。
不慚才拙詩成後，擬繼唐人短李篇。

登韋州城北擁翠亭　　凝真
天際風雲起，山樹結夕陰。
園林含暝色，笳管動哀音。
邊報軍書急，南來鴈信沉。

---

① 戊戌：永樂十六年（1418）。

病懷與秋思，慘慄苦難禁。

遊高臺寺庄經辛卯戰場王驃騎〔俶〕陣歿處感傷而作① 凝真
辛卯年間舊戰場，重過此地景悲凉。
水邊折戟侵苔色，風裏驚塵慘日光。
芳草有情空悵望，遺骸報恨足哀傷。
英魂泉下如相慰，一曲哀歌酹一觴。

夏日遊麗景園 凝真
仲夏名園裏，肩輿花下行。
鳴鳩頻喚雨，布穀苦催耕。
麥浪因風起，戎葵向日明。
病懷方寂寞，聊慰此時情。

夜宿鴛鴦湖聞鴈聲作 凝真
月明星稀夜景清，水寒沙冷若為生。
嗈嗈似說南歸意，感我窮邊久住情。

擬古邊城春思 凝真
東風起邊城，堤柳葉盡吐。
尤憐塞下見，鄉心此時苦。

寧夏新建社稷山川壇 凝真
藩守河西已二年，群神祀禮未能全。
驛書近命脩壇墠，使者先行飾豆籩。
版築始成新社稷，金湯還是舊山川。
春祈秋報思歆格，佑我邊人降福綿。

永樂二年春祭社稷山川禮成後作 凝真
受命分茅土，萬里藩西疆。

---

① 辛卯：永樂九年（1411）。

韋州夏州路，移徙不少康。
封內群山川，八載祀典荒。
社稷祈報禮，非余獨敢忘。
但為移徙中，以致久不遑。
永樂當二年，尊兄今天王。
大明御寰宇，負扆理乾綱。
念茲群神祀，春秋事有常。
禮固不可闕，勅命築壇場。
脩舉久廢禮，為民祈福祥。
仲春擇吉日，二祀思神饗。
禮樂既兼備，肥腯烹豬羊。
諸公陪祀者，珮玉聲鏘鏘。
燈火明煌煌，載拜望景光。
三獻禮初陳，牲醴列馨香。
祀神冀來格，非徒歌樂章。
屏息俯伏待，如臨氣洋洋。
所願風雨時，秋收足千倉。
愧予方幼年，才薄德又涼。
自慚忝王爵，享有此一方。
受胙飲福酒，不肖豈敢當。
尚賴諸賢哲，事事為贊襄。
昧爽行禮畢，烹胙飲公堂。
珍羞具前列，百味羅芬芳。
大事在祀戎，豈可令德爽。
善惡二途間，降各有福殃。
飲罷為三思，戰慄復恐惶。

秋日登樓　　凝真

乾坤牢落此生浮，慘慄幽懷謾倚樓。
衰草斜陽關塞遠，殘山剩水古今愁。
千林木葉經霜日，萬里風煙滿目秋。
回望長安在何許，鴈聲過處暮雲稠。

題雲松軒　　廬陵　王宣

天涯遊子久思鄉，軒扁雲松寓意長。
身處龍沙情易感，心懷淞水夢難忘。
八窗明敞來風月，四座清新樂詠觴。
旦夕畫圖看咫尺，儼然形勝慰邊方。

塞垣送別　　山陰　錢遜

洛陽才子天機精，繪事早年先得名。
崢嶸頭角在胷臆，落筆滿堂風雨驚。
昨夜龍池飛霹靂，馮夷來朝海水立。
移下南山百丈湫，儵見蜿蜒出東壁。
有時一掃連六鼇，水族起舞翻波濤。
李白騎鯨上天去，却乘赤鯉追琴高。
禹門三月桃花水，鼓鬣揚鬐競飛起。
不似尋常涸轍鮒，俯首甘為暴腮死。
筆端造化信有神，洞微自是君前身。
老蛟化作白眉叟，夜植青藜求寫真。
劉郎劉郎畫奇絕，今日河梁惜離別。
酒酣重為歌嗚嗚，翻作陽關第三疊。

送人歸葬　　澧蘭　張政

塞垣廿載鬢成霜，今日何如促去裝。
慈母孤墳留禹穴，孝心一念祔錢塘。
關山跋涉愁千斛，松梓攀號淚幾行。
歸到故園襄事畢，還來尊酒話行藏。

韋州八景[①]

螽山疊翠　　平漾　劉昉

螽山雨洗高嵯峨，群峰疊翠攢青螺。
我來信馬上山去，馬上觀看頻唫哦。

---

① 韋州八景：本志僅見六景題詩。

平生愛此嘉山水，愛山不得住山裏。
到家移入畫軸中，掛向茅堂對書几。
西嶺秋容
韋州之西多峻嶺，邊方亦有仙佛境。
風送路傍花草香，雲橫野外山川景。
山色秋來最可觀，夕陽返照尤宜看。
回家欲學王摩詰，淡墨塗抹圍屏間。
白塔晨煙
白塔去州六十里，清晨長視炊煙起。
太平久不見烽煙，客行道路如流水。
方今大一統華夷，昔人還宿舊招提。
會看居止人煙臍，雞鳴犬吠聞邊陲。
蠡山疊翠　　廬陵　穰穆
秀倚晴空萬疊多，星辰常恐勢凌摩。
雲生秋碧涵眉黛，雨洗春容點翠蠡。
幽鳥閑花屏畫裏，斷猿孤木石巖阿。
足憑藩府為天柱，東接長安西帶河。
東湖春漲
百頃湖開水既瀦，更添新漲景偏殊。
濤歸岸口烟蕪沒，浪拍磯頭釣艇孤。
急雨鳴蘆來乘鴈，顛風歌柳起群鳧。
斜陽樓櫓登臨久，照影身疑在畫圖。
石關積雪
石關坦道接長安，常被三冬積雪漫。
陰壑光紆銀萬頃，高崖色凜玉千攢。
驅車自信梁園樂，徒步咸嗟蜀道難。
今日邊城多雅趣，好將此景畫圖看。

丙戌重九[①]　　姑蘇　唐鑑
強整烏紗只自羞，此身流落歎邊州。

---

① 丙戌：永樂四年（1406）。

試斝白酒澆閑悶，倦對黃花憶舊游。
塞鴈一聲天地肅，嶺雲千點古今愁。
還家不負登臨約，咲把茱萸插滿頭。

憶先壠　姑蘇　唐鑑
遠謫河西閱歲華，夢魂無夕不思家。
傷心一片梅灣月，曾照枇杷幾度花。

秋感　姑蘇　唐鑑
養素存吾拙，經時不下堂。
坐觀人事改，似與俗情忘。
葉落知秋感，蛩吟覺夜長。
此身渾是寄，何必問他鄉。

雪中訪陳訥翁　嘉禾　林季芳
踏雪衝寒訪訥翁，茅庵深住漢渠東。
客邊扶病恩難忘，闕下觀光話不窮。
米飯漫炊雲子粒，菜羹同責水晶葱。
安居飽食身無恙，知命由天樂歲豐。

漫興　嘉禾　林季芳
水光山色滿沙洲，舉目關河一古丘。
玉露凋成紅葉景，金風吹老碧梧秋。
雲橫鴈陣書難寄，日落猿聲淚易流。
廿載邊陲羈倦客，戍衣添却去年愁。

寧夏　河間　張子英
邊城突屼映雲霞，畫戟門開武士家。
河水東流蒼海窟，賀蘭西上碧天涯。
雨滋花草嘶晨駿，風捲旌旗徹暮鴉。
今喜太平無事日，漢渠引水種桑麻。

寄黃紀善李典簿　　壽春　李幹
謫戍交遊二十年，殊方老我獨顛連。
鷹揚塞北群公貴，鶚薦河西國主賢。
氈毳遽將煩驛使，情辭特寄枉題牋。
暮雲春樹關山隔，歲晏相思倍慘然。

寄王忍辱　　檇李　朱逢吉
長葛初除又賀蘭，從容藩國入仙班。
官清客□真如水，頭白君恩重若山。
符寶進對天上立，齋宮□講日西還。
別來望斷江雲暮，寫附詩筒驛樹間。

賡韻雙柑　　清漳　顏先福
何物賓筵助雅談，邊城今喜見霜柑。
王門賜及恩榮厚，臣職圖惟補報堪。
色絢雕盤紅似染，香生玉椀味回甘。
豈惟吟詠誇雙美，風景令人憶楚南。

東湖春漲
為愛波光不染塵，今朝泛漲水痕新。
多因城外千山雨，采作湖中二月春。
拂水垂楊藏白鷺，牽風翠荇躍金鱗。
偶乘車騎閑登眺，雲影天光更可人。

蘆溝夜月
璧月初升雲靄收，韋城西望是蘆溝。
桂花散彩行人寂，蘆葉移陰淺水流。
大地風光明似畫，九天清露冷如秋。
願言此景長相遇，何事西園秉燭遊。

韋城春曉　　姑蘇　朱復吉
春到韋州景物新，太平政教慰邊民。
野花萬朵如開錦，林鳥一聲似喚人。
負郭河山明有色，倚雲宮闕净無塵。
微臣幸際文明治，得過書齋聽講論。

送人回西京
四月河西麥始芽，南風楊柳尚飛花。
天邊碧草邊城遠，地捲黃埃客路賒。
十日晨昏歡未足，一時離別恨無涯。
送君不若留君住，父子怡怡共一家。

西嶺秋容　　金臺　張彝
秋來西嶺可追歡，百卉將凋眼界寬。
霜壓蒼黃千樹葉，雨淋紫翠萬峰巒。
鶴餐碧澗松花露，鴈度金花朔漠寒。
閑眺不勝詩思爽，夜歸明月上欄干。

東湖春漲
湖光浩浩鏡新磨，交得陽春景便多。
雨漲荷花張翠蓋，風來楊柳蘸清波。
錦鱗漫戲逐萍轉，畫艇輕搖因漩渦。
莫道西湖天下最，願安此土鬢成皤。

喜雨　　閩中　黃朝弼
塞地三春點雨無，天瓢昨夜盡沾濡。
固知新苗方成遂，不料枯荄也復蘇。
沴氣災消民物阜，豐年兆見子孫娛。
良田萬頃蒙膏澤，更願因風遍九區。

應教端午麗景園宴集
端陽行樂塞城東，藩國名園景富雄。
胡地舊時非所有，楚人遺俗豈能同。
綺筵列宴垂楊下，畫舫浮游碧沼中。
杏塢桃蹊繞樓閣，眼前詩思浩無窮。

初到寧夏　　盱江　李守中
黃河一曲抱孤城，九月天寒水欲冰。
紫塞風沙時陣陣，黑山霜雪曉層層。
霓裳北散天魔女，霞毯西來寶藏僧。
却憶江南秋半老，橙黃橘綠氣和平。

從獵賀蘭山宿拜寺口
幾年覊寓古興州，今日欣從校獵遊。
山勢盤旋天外盡，泉聲鳴咽耳邊流。
丹崖翠壁依依見，野寺蒼巖處處俘。
好似江南廬岳上，禪僧千百自春秋。

初到寧夏覩賀蘭山有感　　九江　孫惠
賀蘭天作鎮三邊，保障中華豈偶然。
流水翻成巫峽險，峻岡高與碧霄連。
招提演教存遺跡，仙侶逍遙遠市廛。
四海一家歸聖主，江南塞北總山川。

賡韻雙柑　　秦陲　郭原
凝真齋所聽高談，內使筠籠命賜柑。
不遣聽鶯携亦可，如蒙授簡賦還堪。
黃金鑄顆紋雙皺，白玉為漿味獨甘。
塞上承恩誰與並，先生應不想江南。

重九
不隨鴻鴈向南飛，九日歸期又竟違。
愁對賀蘭山色老，夢思甕社蟹螯肥。
有霜何處開黃菊，無酒誰人送白衣。
欲插茱萸憐短髮，也曾醉帽落斜暉。

送張四
西來王國住經秋，忽得家書難久留。
親瘠即思歸飲藥，君思已許趣登輈。
風霜驛路便晨發，錦綉皇都指日遊。
想見承顏問西夏，首言魚稻似南州。

春日蠡山　　河陽　劉中
巍巍巨鎮立乾方，時值方春日在陽。
萬彙盡蒙新雨露，群生咸遂舊榮光。
高峰崒嵂雄疆場，喬木嵯峨備棟梁。
控帶洪河成保障，萬年藩屏固金湯。

題歸厚堂　　四明　陳叔昂
養生送死人子事，孝行古今無二致。
白生有母喪邊陲，千里奉襄承父意。
誰憐此行心更悲，歲晚關山函骨歸。
一身終抱百年憾，寸草那報三春暉。
長安卜瑩先隴側，松栢森森親手植。
何必更求孝義章，視取君家歸厚堂。

贈別　　臨安　毛翀
塞垣送別祭先塋，春暖東風趣去程。
華柳賀蘭承雨露，松楸橋李祭清明。
尋幽塔寺齋鐘静，訪舊星湖客棹輕。
如見豸冠劉郡守，為言流落在邊城。

嘉瓜瑞麥　　錢塘　阮彧

聖主龍飛日，車書混萬方。
殊風皆慕義，重譯盡來王。
運泰文明見，時亨庶物昌。
軍屯瓜效質，藩國麥呈祥。
造化神功著，乾坤大德彰。
兩岐超美漢，並蒂鄙誇唐。
妙合天倫厚，和同國祚長。
雍熙臻至治，勤儉致平康。
歌詠傳遐域，詩聲播邇疆。
山河盟帶礪，社稷壯金湯。
豈止人稱善，端期史贊良。
畫圖留萬古，簡冊有輝光。

長至日雪霽　　僧　義金

雪晴冬至日朝陽，大地山河煥景光。
王府永尊三教典，法輪常轉一爐香。
浮圖梵刹增洪福，道籙仙宮輔善祥。
白髮衲僧無以祝，賀蘭山與壽同長。

將至寧夏望見賀蘭山　　金少保學士　幼孜

匹馬何時出帝關，今晨初見賀蘭山。
風沙近塞居人少，斥堠連雲邏卒閒。
白海堆塩封磧外，黃河引水注田間。
邊城按堵全無警，聖德於今徧百蠻。

至寧夏

駔騎初秋別帝京，使旌今喜至邊城。
衣冠盡向花前合，車馬還從柳外迎。
藩府感恩心倍切，朝廷冊命禮非輕。
極知白首蒙恩遇，謬忝皇華愧老成。

九日宴麗景園
偶客夏臺逢九日，賢王促召宴名園。
柳間雜遝來鞍馬，花裏追陪倒酒尊。
白露滿池荷葉净，涼颸入樹鳥聲繁。
綺筵寶瑟真佳會，傾倒何妨語笑喧。

出郊觀獵至賀蘭山
賀蘭之山五百里，極目長空高插天。
斷峰迤邐煙雲闊，古塞微茫紫翠連。
野曠旌旗明曉日，風高鷹隼下長川。
昔年僭偽俱塵土，猶有荒阡在目前。

詞

念奴嬌·雪霽　　夜月中登樓，望賀蘭山作。　　凝真
登樓眺遠，見賀蘭，萬仞雪峰如畫。瀑布風前，千尺影，疑瀉銀河一派。獨倚危欄，神遊無際，天地猶嫌隘。瓊臺玉宇，跨鸞思返仙界。

我醉宿酒初醒，景融詩興筆。掃千軍快，下視紅塵，人海混，脫屣不能長喟。對月清光，飲餘沉瀣，氣逼人清煞。玉笙吹徹，此時情意誰解？

浪淘沙·秋　　凝真
塞下景荒涼，淡薄秋光，金風淅淅透衣裳。讀罷安仁秋興賦，惨傈悲傷。

廿載住邊疆，兩鬢成霜，天邊鴻鴈又南翔。借問夏城屯戍客，是否思鄉？

青杏兒·秋　　凝真
午枕夢初殘，高樓上，獨凭闌干。清商應律金風至，砧聲斷續，笳音幽怨，鴈陣驚寒。

景物不堪看，凝眸處愁有千般。秋光淡薄人情似，迢迢野水，茫茫衰草，隱隱青山。

長相思·秋眺　　凝真

水悠悠，路悠悠，隱隱遥山天盡頭，關河又阻脩。

古興州，古靈州，白草黃雲都是愁，勸君休倚樓。

風流子·秋日書懷　　凝真

樓頭思往事，猶如夢，回首總堪傷。想童草山東，臂鷹走馬，弱齡河外，開國封王。老來也，一身成痼疾，雙鬢點清霜。江左舊遊，塞邊久住，憶朝京輦，愁在氈鄉。

倚闌凝眸處，園林正搖落，鴈陣南翔天際，暮雲凝碧，衰草添黃，更秋容。淡薄遥山隱隱，野煙漠漠，風景凄凉。惆悵悶懷無語，獨對斜陽。

春雲怨·與吳謙　謙時客塞下。　　凝真

龍沙三月，尚不見桃杏，紅芳顏色。鎮日惡風頻起，柳困欲眠眠不得。夕照啣山，暮雲橫嶺，憔悴江南倦遊客。鄉國他年，關河今日，到此欲愁絕。

可憐孤負佳時節，正清明禁火，幽懷縈結。怕聽胡笳韻悲咽。古道紅塵，旅館青煙，酒旗高揭。一曲詞成，九回腸斷，矯首賀蘭巖嵥。

搗練子　　凝真

風陣陣，雨潺潺，五月猶如十月寒。塞上從來偏節令，倦遊南客憶鄉關。

鷓鴣天[①]　　凝真

天闊雲低散玉花，茫茫四野少人家。嚴寒凜凜侵肌骨，貂帽隨風一任斜。沙似雪，雪如沙。謾斟綠醑聽琵琶。瓊樓玉宇今何在？天上人間道路賒？

行香子　　凝真

五十之年，華髮盈顛。得平安，感謝蒼天。無憂無慮，即是神仙。有

---

① ［校］鷓鴣天：原作"鷓古天"，據《弘治寧志》卷八《鷓鴣天·冬日漫興》及詞牌名用字改。

數厨書，萬鍾禄，萬丘田。

光陰似箭，冬冷春暄。儘今生，所事隨緣，從他汗簡，芳臭流傳。但飢時飯，渴時飲，困時眠。

朝中措·憶韋州擁翠亭　　凝真

構亭高在古城端，擁翠萬山環。四面軒窓高啟，關河千里平看。

珠簾畫棟，金鋪文礎，與問平安，記得當年雨霽，常時坐對西山。

臨江仙　　避暑韋州，行有日矣，喜而賦此。　　凝真

塞上冰霜三十載，新來華髮盈顛。韋城風景自堪憐，螺峰初雪霽，月榭淡籠煙。

想得靈州城下路，緑楊芳草依然。黃驄蹀躞杏花天，丙辰初日出，[①]南上渡頭船。

漁家傲·秋思　　宋　范希文

塞下秋來風景異，衡陽鴈去無留意。四面邊聲連角起。千嶂裏，長煙落日孤城閉。

濁酒一杯家萬里，燕然未勒歸無計。羌管悠悠霜滿地。人不寐，將軍白髮征夫淚。

木蘭花慢·悲秋　　三山　陳德武

問蘭臺宋玉，為何事，到秋悲？想露重金莖，風凋玉樹，霜脆瓊枝。春生許多佳麗，都將顑頷變華姿，潘岳衰添鬢雪，沈郎瘦減腰肢。

浮生最苦是生離，此際有誰知？見鴈過隨陽，燕歸故國，虫促鳴機。況當苦寒沙塞，人情物理可相推，便道心腸鐵石也，成涕淚陂池。

菩薩蠻·歸思

涼風淅淅涼雲濕，羈懷何事歸思急？秋氣入單衣，偏增久客悲。

賀蘭三百里，只隔黃河水，何日是歸程？中秋正月明。

[①] 丙辰：干支紀日，具體日期不詳。

影印本

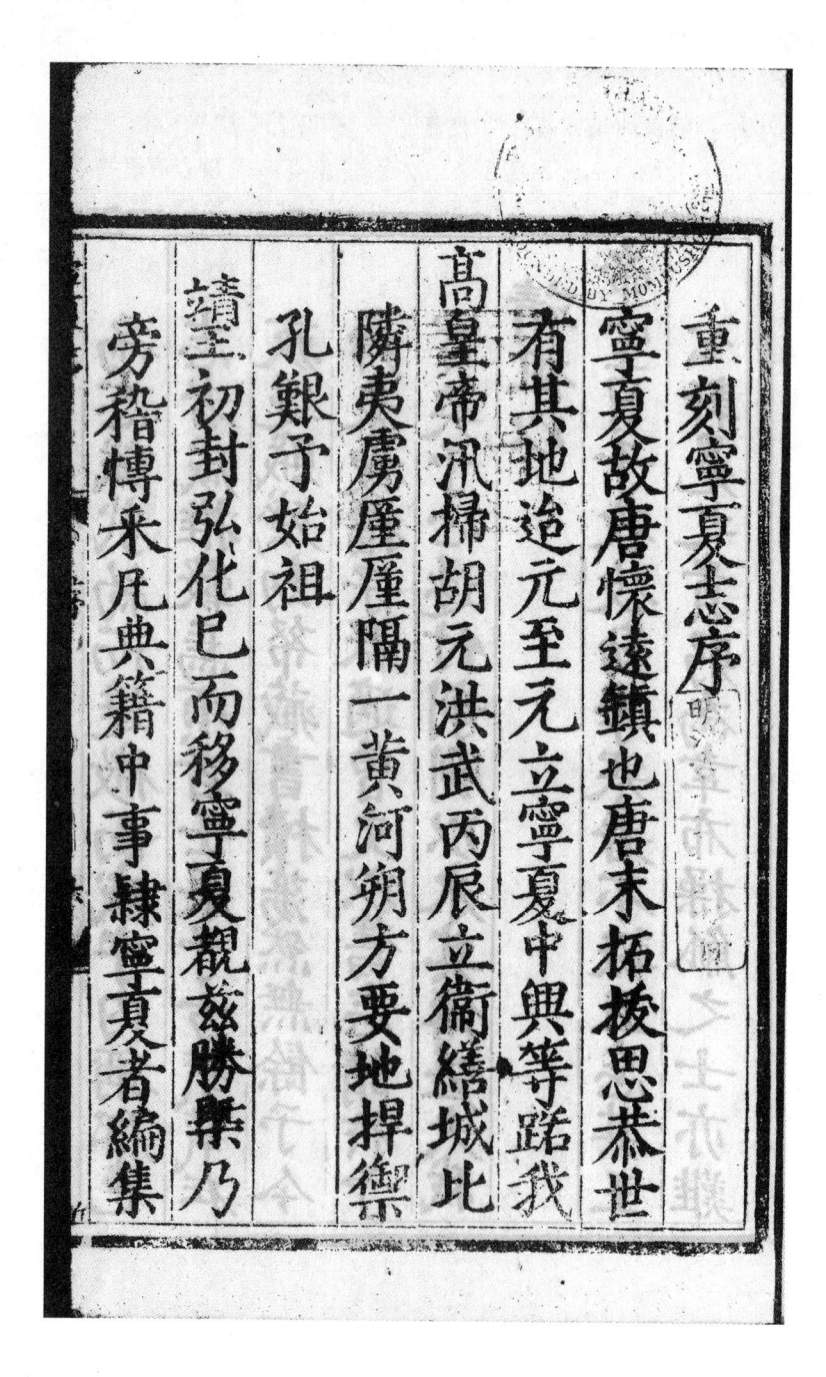

重刻寧夏志序

寧夏故唐懷遠鎮也唐末拓拔思恭世
有其地迨元至元立寧夏中興等路我
高皇帝汛掃胡元洪武丙辰立衛繕城比
隣夷虜屢屢隔一黃河朔方要地扞禦
孔艱子始祖
肅王初封弘化已而移寧夏觀茲勝槩乃
旁稽博采凡典籍中事隸寧夏者編集

為志誠教約而達微而蔵宇内稱郇邑
志者咸推轂焉頃者壬辰予方縈縈在
疚逆賊殘刼窃藏書櫝蕩然無餘予今
舞象搜擴宗器適曾史以舊志請於予
實契予心遂付剞劂以永其傳嗟夫我
靖祖以
帝室曲子孜孜勤學寒暑不輟且忘其王
公軒冕之貴躬為韋布操觚之士亦難

矣我若夫圖步芳躅勉繩
厥武予不之逮也而有志焉梓竣敬綴數
言以紀之
萬曆二十九年歲次辛丑孟秋上澣之
吉八世孫永齋序

寧夏志目錄

卷上

沿革　分野　風俗　疆場

城垣　街坊　山川　土產

土貢　壇壝　屬城　古跡　貢舉

寺觀　祠廟　學校

人物　孝行　名宦　名僧

死王事　津渡　陵墓　橋

園壝　河渠　鹽池

屯田　鐵冶　驛傳　牧馬鹽苑

卷下　�字　祥異　雜誌

文　題詠　詞

寧夏志卷上

沿革

寧夏本古羲狄地也秦屬北地郡漢為富平縣地後周為懷遠郡隋開皇三年郡廢屬靈州唐立豐州武德六年廢省九原永豐二縣入懷遠天寶間隸靈州為屬縣唐末拓跋思恭鎮夏州世有其地宋天禧間傳至九世孫德明以懷遠鎮為興州居之即今之軍城也後升為興慶府又改中興府宋為境外元至元八年立寧夏中興等路行尚書省至元二十五年置寧夏路總管府元貞元年革行

省并其事柱於甘肅行省元末復置行省
國朝初立寧夏府洪武五年詔棄其地徙其民於陝
西至洪武九年復命長興侯耿炳文弟耿忠為寧
夏衛備指揮率謫戍之人及延安慶陽騎士立寧
夏衛繕城郭以守之此沿革之大槃也緣火之後圖
經散失無存是以不得詳考焉

分野

郡西自隴坻至河右西南盡巴蜀漢中之地皆秦
唐天文志東井與鬼輿首也自漢三輔及北地上

國朝清類天文分野之書井鬼在未自井九度至柳
三度屬秦分雍州西夏之西偏秦鳳之西北西川
之西并其西南諸夷之地皆秦分也寧夏禹貢雍
州之域井鬼之分也

風俗

風俗其土居人性勇銳於戰鬥善畜牧然甚崇敬
釋氏重巫覡金史夏國贊亦曰民俗彊梗尚氣重
然諾敢戰鬥今之居此土有仕宦者征戍者有謫
戍者齊楚吳越秦晉之人皆有之是故風俗不純
難以一而言也長安志曰五方錯雜風俗不純亦

猶是矣

疆域

至南京六十驛

至北京六十驛

至陝西布政司一十九驛

東至延安界倒塔兒 南至平凉界白崖子

西出賀蘭山接沙漠之地

北亦地連沙漠 東南至慶陽界清平關

西南至涼州界大沙子 西北至亦集乃

東北至東勝

城垣 博物志禹始作城強者攻弱者守城郭自禹始記禮運城郭溝池以為固詩無俾城壞出車之詩王命南

舊城未知築自何代週迴十八餘里東西長倍於
南北相傳以為人形元末冦賊侵擾人不安居哈
耳把台叅政以其難守棄其半修築其東偏令之
城是也週迴九里餘之之門有四東曰清和南曰
南薰西曰鎮遠北曰德勝

街坊

熙春 泰和 咸寧 里仁 南薰 平喜

蘭山 感應 清寧 修文 廣和 肅政

樂善 景福 積善 衆安 寧朔 永康

崇義　鎭安　澄清　效忠　遵化

山川

賀蘭山在城西六十里南接沙羅模山暨武口東北至大河之濱巍然屹立丹崖峭壁翠峯森列峻極於天山路險惡羊腸縈廻真邊場之金城也山多松堪棟梁之用夏城官私廬舍咸賴以用產鉛藥則荊芥黃芩甘草蓯蓉枸杞麻黃

麥梁山在大河東產鐵

金積山黃河東

觀音山黃河西

峽口山上有古塔一百八座

快活林居城西四十餘里豐水草可畜牧

黃河自崑崙而來不知其幾千百里由蘭州北來兩岸皆崇崖峭壁河流甚狹水亦湍駛放木筏者一日可行二百餘里以其流急也至應理州則河流平緩可作渠以灌漑矣是以寧夏居人及軍屯咸賴灌漑之力自賀蘭山東北滔滔而下經東勝而過復入中國由綏德而南注矣

莎羅模山其下有泉泉傍有龍祠在城西南二百餘里賀蘭山東靈武口水自地湧出土人傳以為龍

神兄弟三人居此長則莎羅模次則祈答刺模季則石哈剌模也旱則禱雨有應予嘗出獵遇雪憂甚神夢中報予以晴期既而果然其靈應有足可畏者是以人皆敬事之

清水河居大河南鳴沙城南古所謂胡蘆河者是也河流甚狹自平凉界來西注於大河

磁窰山在今靈州東北六十餘里昔人於此甄陶至今猶然

炭山在靈州城東南五十里

沙井在靈州南四十餘里

孛羅臺湖在今靈州城南

觀音湖在賀蘭山大水口

高臺寺湖 三塔湖 清水湖

蠡山在幸城西二十餘里屈曲巒臺嶂蓋翠如染以其峯如蠡山也故謂之蠡焉此予府長史劉昉名之也山之舊名竟不知為何名也四傍皆平地屹然獨立勢甚雄竦木多松檜榆白楊章則黃精秦芃大戟知母蓽血竭黃芩防風遠志黃耆紫胡升麻皆藥之良者山北有顯聖祠雨暘禱禳輒應永樂間載之祀典

狼山在韋州城東

小㟳山居大㟳山之東北

東湖在𢕄城東一里餘

鴛鴦湖居東湖之北三里二湖皆子作者

富泉居大小㟳山之間水甚甘列

三山兒在韋城東百里三峯列峙如指

樽子山在三山南溪澗險惡豺虎所居人跡罕到

琥八山華言色駁雜也在韋城西南八十餘里

黑鷹山鹿山皆近琥八山

米鉢山雪山冷山皆居大河南近平涼蘭縣界

大沙子在應理州西南按五代史晉遣供奉官張
匡鄴使于闐高居誨為判官從居誨記其徒復所
見山川曰自靈州過黃河行三十里始涉沙入党
項界曰細腰沙神點沙至三公沙宿月支都督帳
自此沙行四百餘里至黑堡沙沙尤廣遂登沙嶺
沙嶺党項牙也今大沙依然獨失此名俗但呼為
扒里扒沙
啟剌八山在大河西北連賀蘭山
月湖　沙湖　巽湖
哈剌兀速華言黑水在大河東水西流入河

西瓜山在黃河東岸極臨邊境

滾泉在金積山東水自地湧出高一二尺如沸湯

滴水在滾泉東北崖上一石枝下懸水自石中亂
滴而出如雨嘗有人見二女子於泉側白楊樹上
如蹴鞦韆就視之則無見矣遇天旱禱雨輒應

土產

鉛　鐵　礬　鹽　碧鎮　馬牙䃤

穀

稻　穀　穄　青粱　大麥　小麥

蔬豆　黑豆　綠豆　黃豆　扁豆　紅豆

胡麻 秫 青稞

花

牡丹 芍藥 薔薇 石竹 雞冠 萱草

玉簪 菊 荷 小竹 戎葵 黄蜀葵

紅花 藍 澱 椒 甖粟

果

杏 桃 李 黎 菱 林檎

藕 含桃 蒲萄 棗 柰 秋子

胡桃 茨藜 李 山棗

樹
松 柏 槐 樺 檉木
白楊 榆 柳 檉

菜
芥 葷 葱 蒜 韭 胡蘿蔔
菠薐 茉莉 芫荽 蒿苣 莧 甘露子
蔓菁 白菜 沙葱 茄 西瓜

甜瓜 絲瓜 黄瓜 冬瓜 瓠 刀豆
姜豆 茶豆 薺 地椒 滑菜 白花菜

藥
荊芥 防風 蓯蓉 枸杞 甘草 桑白皮
柴胡 黄芪 麻黄 遠志 地骨皮
紫蘇 苦參 瞿麥 茴香 知母 牛蒡子
升麻 大戟 萹蓄 秦艽 草蔻 兔絲子
天仙子 黄精 百合 茵蔯 寒水石 胡蘆巴
車前子 千金子 青木香

六畜

馬 駝 牛 羊 騾

獸
虎 狼 鹿 麝 麐
土豹 野馬 羱羊 艾葉豹
獺 兔 獾 狐 野豕 夜猴兒
熊 豺 黑鼠 黃鼠 沙狐 野狸

禽
鵰 鶻 鶔
鵰 鷹 鷂雞 天䳜 鶬鶊 鶡鵚 山雞 雞
鵝 羊翅馬雞
鴈 鳧 磯鶒 鴛鴦 鸕鷀 鴨

鵲　白翎兒　鸚鵡

魚

鯉　鯽　沙魚　鮎　白魚　蚌

鱉　石魚　泥蝦

遼史載其土產則有大麥蓽豆青稞床子古子蔓
鹹地蓬實蓯蓉苗小蕪荑席雞草子地黃葉鹾鹽
草沙蔥野韭拒灰條白蒿鹹地松實余則物產下
異於南土矣
唐夏州惟一郡有槐樹數株鹽州或要葉行牒床
之今嚴景園夾道皆槐也

土貢

禹別九州任土作貢其來尚矣周禮太宰以九貢致邦國之用貢者下獻其土所有於上也

唐靈州土貢紅藍甘草蓯蓉代赭白膠青蟲䑛鶻

白羽麝野馬鹿茸野猪黃吉犎鞛氈庫利赤棡馬

策印鹽黃牛臆

鹽州土貢鹽山四十顆木瓜㸲牛

國朝土貢鷹鶻鵰天鵝紅花豹子馬牙鹽黑鼠皮沙狐皮

壇遺：藉文自天子至郡邑守長通得杞而徧天下者惟杜稷馬通與曰五者諸侯立杜稷者為萬民求福祭也人非土

不立非穀不毛□□不可僭敢故立杜稷西祭馬禮天下祭天下名山大川諸侯祭名山大川之在其地者故

王府社稷壇山川壇俱在城外坤方社稷居山川壇東相並永樂年建

無祀鬼神壇在城北洪武間建

屬城

靈州唐為大都督府古為戎狄地秦屬北地郡二漢魏晉皆因之元魏大武帝平赫連昌置薄骨律鎮河渚土舊是赫連果地至明帝立靈州初治河北後徙治果園所築城後周立普樂郡隋開皇三

年郡廢天業初州廢立靈武郡唐武德元年改曰
靈州天寶元年曰靈武郡升為朔方軍節度領縣
四曰迴樂曰靈武曰保靜曰懷遠即今寧夏城是
也故城居大河南今猶存其頹垣遺址其西南角
被河水衝激崩圮洪武間築城於故城北十餘里
永樂間亦被河水衝圯今之新城宣德間陳寧陽
海大監奉
旨相度地形卜沙山西大河東西去故城五里餘命
平涼衛指揮鍾瑄左屯衛指揮王剛督工築者地
土高奕視舊為勝洪武間置千戶所守之永樂間

指揮王輔守之

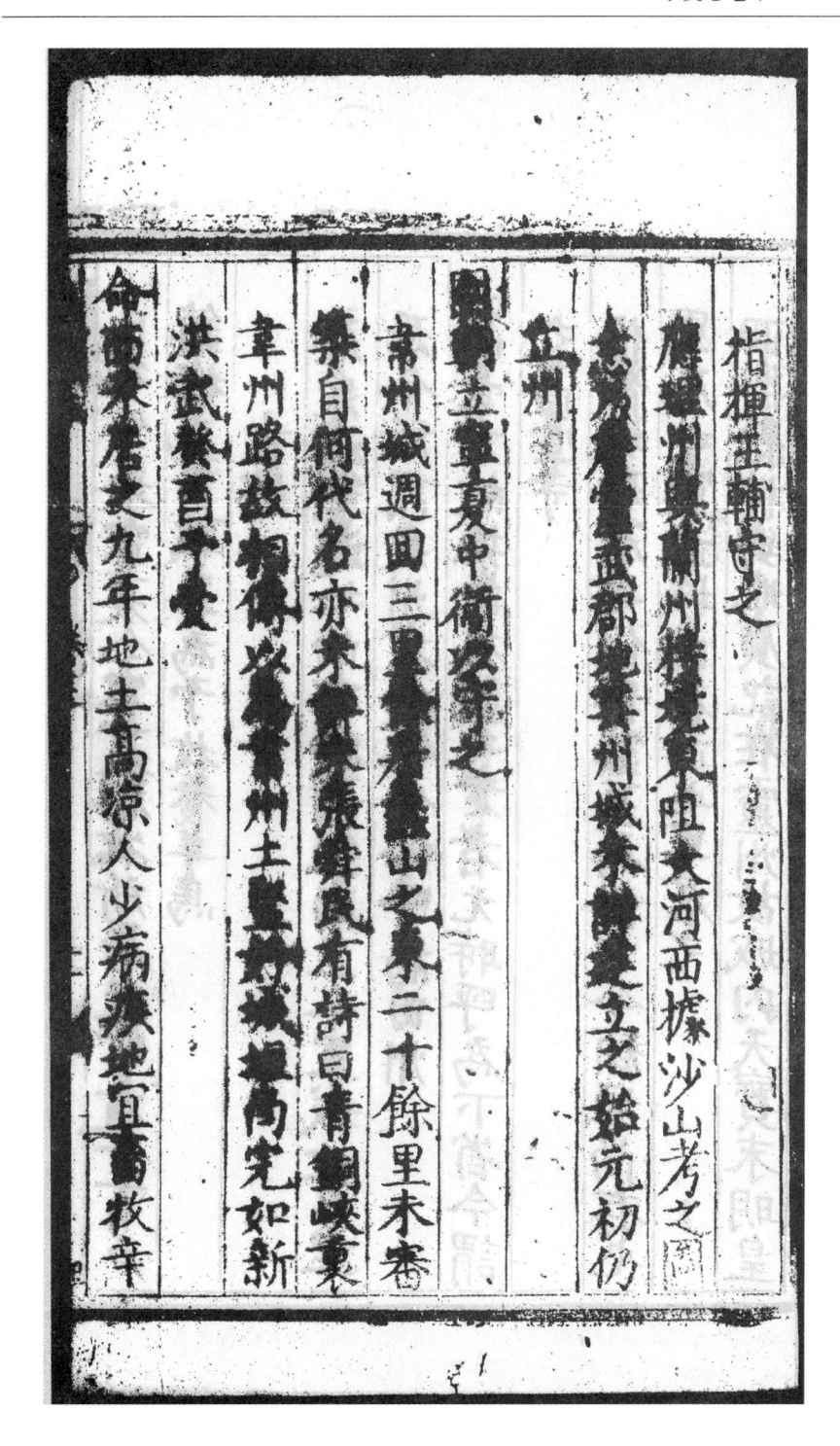

唐遷州與蘭州據河阻大河西據沙山考之圖
志及□□孟郡地□貴州城東鞍建立之始元初仍

立州
圖□立置寧夏中衛改守之
肅州城週四三里有靈山之東二十餘里未審
其目何代名亦未聞天張掖民有詩曰青銅峽裏
韋州路故相傳沒之貴州土望城垣高完如新
洪武縣百十家
命西東唐之九年地土高原人少病疾地宜畜牧辛

夏，予來寧夏，今寧夏五群牧所居也。軍五百戶，鎮撫吏目職，尊為予牧養羊馬。

古蹟

唐定遠鎮遺址，尚春州圖經，南至今軍城二百里。恐今所謂定州者，是此定俗呼為田州之高臺寺故城，尚在閒。之壟者，元時呼為下省，今謂之高臺寺。

軍居之靈武城，尚存。亦屯軍居之。

保靜城即唐之保靜鎮。夏為靜州，今頹垣尚存屯。

田樂縣校輿地廣記在靈州故城內，天寶末明皇

西狩太子即位於靈武是為肅宗

省嵬故城在河東未詳建立之始

忻都故城尚在土堅好相傳以為赫連勃勃統萬城恐非是

紅城兒在韋州南亦未詳建立之始

元昊宮室遺址在西古城內

文殊殿在賀蘭山中三十餘里聞之老僧相傳元昊僭據此土之時夢文殊菩薩乘獅子現於山中因建殿守繪塑其相畫工屢為之皆莫能肖其彷佛一旦正人咸飯教別室留一小者守視之忽見

一老者鳥資衣幡然棲至殿中聚首彩色於一器中
潑之壁間金碧輝煥儼然文殊秉獅子相元吳覩
之喜甚恭敬作禮真夢中所見之相也於是人皆
崇敬遠至元時香火猶盛勒修殿宇每歲以七月
十五日傾城之人及鄰近郡邑之人請殿供齋禮
拜今則兵火之後焚毀蕩盡
青銅峽疑今之峽口是也水經曰上河峽
天都山今易其名未知孰是疑即今米鉢山是也
鳴沙州隋置環州立鳴沙縣唐華州以縣隸靈州
宋沒於夏國元初立鳴沙州今徒空城耳

李王避暑宮在賀蘭山拜寺口南山之巔極高處宮牆尚存檮木為臺年深崩摧洪武間朽木中鐵釘長二三尺者往往有之人時有拾得者

寺觀
　寺之始也紀仙人好棲居觀者於上觀望也故道家之祠宇亦謂之觀

馬駄經來初止鴻臚寺遂取寺名置曰馬寺即僧事物紀原漢明帝時攝摩騰竺法蘭自西域以白

三清觀居城外異方子因病而建立者永樂間上聞於朝

長陵恩旨度道士周晨輝等居之必奉香火

真武堂在南薰坊東洪武間儒者阮或素崇道教其化緣所建後頹圮宣德間予為後修葺之

承天寺在西古城内夏時舊寺也兵火後殿宇焚毀無遺獨一塔巍然獨存草間得一斷碑方知其建立之始予命修之今香火亦盛

報恩寺在城内西南元舊寺也洪武間僧慧護等重修香火亦盛

國朝立僧會司

興教寺古彌陀寺也洪武間僧揆本即重修永樂間奉

勑改今名在黄河南今靈州城西

石佛寺古勝佛寺也洪武間僧昝居耳渚重修在

興教寺東古靈州城上

回訖禮拜寺永樂間御馬少監者哈孫所建

黑寶塔寺舊址在城外教場西北

金寶塔寺金積山東

牛頭寺金積山上

劉觀耳密寺黃河西峽口山上

弩元剌寺在起剌八山東元廢寺也 石空寺應理州北

高臺寺居城東十五里大河之濱元昊時寺也兵

燹之後獨荒其基礎礎尚存宣德七年番僧搶剌藏

卜施財募工復營構之地勢崇高登此以眺極山

河之偉觀寧夏山川險易之形勢舉目可以盡矣

祠廟

王府旗纛廟在城外山川壇西

城隍廟在城內西北寧夏衛指揮僉政洪武間建神嘗入夢報予福善禍淫之報其聰明正直靈應誠可畏敬也

漢壽亭侯二即關光三殿俱前元時建兵火後未經焚毀至今尚存關光不審為何神恐此間之土神

學校

古之教者家有塾黨有庠術有序國有學盡于三代之盛也唐太宗詔也皆巳飛騎亦給博士使授

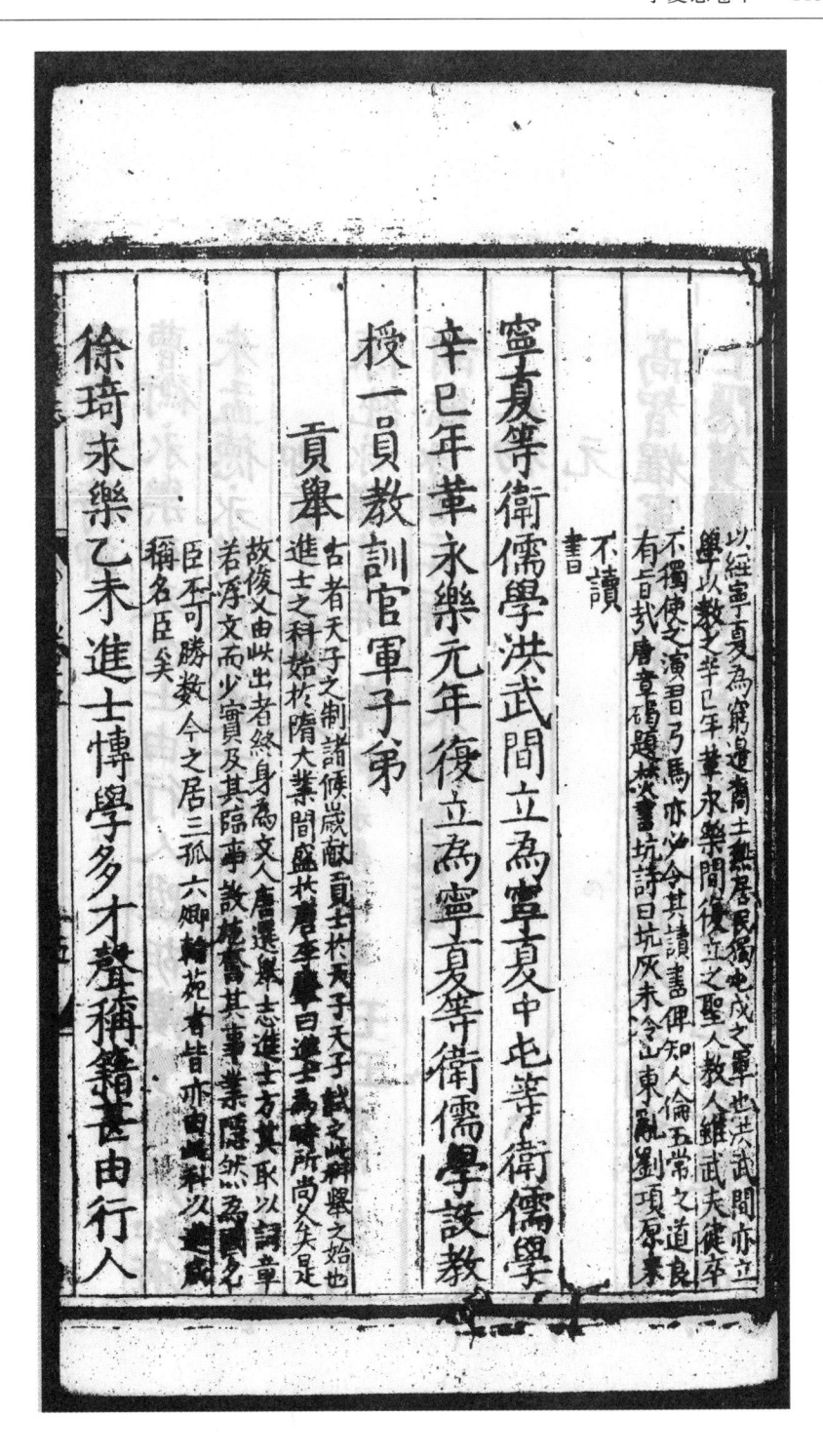

寧夏等衛儒學洪武間立為寧夏中屯等衛儒學設教授一員教訓官軍子弟

辛巳年華永樂元年復立為寧夏等衛儒學

貢舉
古者天子之制諸侯歲貢士於天子天子試之於射宮擇之始也隋大業間始校進士之科唐宋以來百進士為時所尚又是故俊又由此出者終身為文人唐選舉志進士方其取以詞章若浮文而少實及其隔事設施舊者其事業隱然為國名臣不可勝數今之居三孤六卿翰苑者皆亦由與科以稱名臣矣

徐琦永樂乙未進士博學多才聲稱籍甚由行人

陸兵部侍郎

曹衢 永樂乙未進士 由行人陞胡廣寶慶府知府

朱孟德 永樂戊戌進士 任鄭王府審理

胡純 永樂十五年 韓中 永樂二十一年壬寅 永樂十九年

陳純 永樂二十一年 宋儒 宣德七年

鄉貢中式舉人

人物

元

高智耀 寧夏人 世仕夏國 智耀登本國進士第 夏亡隱賀蘭山 元太宗訪求得之 至元五年 耀為西

夏中興等路提刑按察使

沙覽荅里河西人姓路氏仕元至丞相南臺御史
大夫

論卜河西人仕元至司徒平章元末寓
寧夏也速迭見河西人仕元至廉訪使

福壽河西人仕元至南臺御史大夫

納速耳丁先世回紇人居寧夏仕元至廉訪使

國朝馮荅蘭帖木河西人父藏卜仕元至國公來降
居靈州卒荅蘭以軍功仕至都指揮

孝行 詩警義美孝子也經曰夫孝天之經地之義人之行也世世豈
閔之孝簡冊書之千載如新欲則今之有孝行者可不畫
之以楊於人乎

唐侯知道程俱羅皆靈武人也有孝行李華有贊

國朝人王綱字子紋前驃騎將軍浙江都指揮使成之子明威將軍僉寧夏衛指揮事綸之弟母喪廬墓足不履城郭者三年有司以聞宣德年間奉旨旌表為孝子之門

名宦

元

張文謙刑州沙河人至元間以中書左丞行省西夏中興等路羌俗鄙野事無統紀文謙得蜀士隴秩俘虜者五六人理而出之使習吏事旬月間簿

書有品式子孫亦知讀書俗爲一變後唐來漢延
二渠溉田十數萬頃人蒙其利
郭守敬邢臺人以河渠副使加銀符從張文謙行
省西夏先是古渠在中興者一名唐來長四百里
一名漢延長二百五十里他州正渠十皆長二百
里支渠大小六十八灌田九萬餘頃兵亂以來廢
壞淤淺守敬更立牐堰皆復其舊

國朝
　總戎鎮守者
西平侯沐英洪武初僞知院靈沮脫火赤聚衆山

後出沒不常侵擾疆場奉
命總兵自靈武口出與戰擒之以歸邊人始安
安遠侯柳升永樂九年以平羌將軍總戎鎮守於
此為人沈靜忠直平居以仁恕接物遇事則果斷
剛決人懷其惠服其威無有敢犯之者勿從
太宗皇帝征伐曉暢軍事慶大事不動聲色有古良
將之風辛卯河南胡冦之變軍旅繁興羽檄交至
慶之如平日不為驚張邊人賴老以安古之稱良
將能清能靜能平能整於柳平羌見之矣
寧陽侯陳懋宣德間以太保征西將軍守寧夏勿

從太宗皇帝征伐以忠勤驍勇稱居邊者十餘年剛決果斷下不敢欺永樂庚寅胡酋有欵塞降而復叛者親率軍勦捕之人咸服其武勇亦守邊之良將也

保定伯梁銘洪熙間以都督為征西𠫵將鎮守於此智勇薰構常從

仁宗皇帝居守悉其忠勤智勇加以保定伯爵居邊一年餘風塵不驚不作苟細之事以擾人邊人樂之

都督陳懷奉天征討之功臣洪熙初元
命為征西㽞將曉暢軍旅之事宣德間復
命總兵往征松潘因留鎮於蜀
都督丁信永樂奉天靖難勳臣之子以忠勤勇略
幹濟稱俾鎮浙江為都指揮復以薦者陞都督
命統軍於甘凉等處以遏胡寇正統元年因寧夏邊
防失守致胡寇侵軼
勑命為征西㽞將總兵鎮守勤於邊防之事焉政不
苛不通賄賂不忍勞役無益之事軍士以安
都督鎮守者

胡原以都督守寧夏為人性質直忠勤可嘉凡事循理而行

長陵嘗寵眷之

馬鑑任前軍都督

孝陵甚寵眷之洪武初命守寧夏時邊境粗安寇邇胡冦鑑率兵越賀蘭至地名五井與偽平章論卜戰敗之發傷甚眾軍聲大振餘冦遠遁邊人以安

都指揮鎮守者

王儆永樂間鎮守忠勤端謹為政簡易不通賄賂淳厚君子人也

張麟陝西都指揮僉事為人以智畧見稱太宗皇帝聞而嘉之特賜勅陞為都指揮使俾守寧夏為政清靜不為煩擾永樂壬寅冬胡虜入寇時邊之士馬精彊者咸從駕北征人咸驚懼麟不以為憂談咲如平日遣指揮蘇巖率軍與戰殺傷甚多虜懼而遁邊境以寧費瑾永樂間鎮守至此不一月而卒亦誠實端謹人也惜乎早卒不見其施設也

吳傑初為予護衛指揮用薦者陞都指揮鎮守於此永樂初移鎮綏德

孫霖任陝西都指揮為人倜儻以驍勇稱永樂間
陳寧陽從
駕北征奉
勅命同張麟鎮守政不擾人邊人安之
張翼高任延安衛指揮
太宗皇帝念其父之勳勞特
勅陞陝西都指揮副張麟守寧夏溥厚有德君子人
也平居則溫仁恭儉餙撫愛軍士從
駕北征臨陣則驍勇莫敵仁者有勇於張翼高見之
此特錄其居邊鎮靜事業可紀為人所敬愛者

數人如杜芳之輩庸才鄙器玷辱師閫無勇無
智臨事儒怯非將領之材言行相違殉于貨色
謟神求福修建廟宇為政繁苛人不堪其擾邊
人怨之有同仇讐何足書之以汙簡册何福才
小任大矜巳傲物手握兵權作威作福卒致身
戮家破非不幸也宜也

者　陝西都司都指揮統行營及夏城士馬備禦

李庸　李智　王儀　周彧　榮貴　陳忠
宋晟　張泰　蔣勝　种興　姚濴

指揮創立軍衛鎮守者

耿忠長興侯耿炳文之弟有謀畧識見高逺洪武九年奉

命率謫戍之人及延安慶陽騎士繕城郭始守之時軍衛草創密邇胡虜忠招來降撫恩威兼施不為擾害能以鎮靜守之人頼以安

徐真父徐景厮開

國功臣也真驍勇善騎射為寧夏衛指揮洪武間數提兵深入漠北擄獲胡酋男婦動以千計居邊數午烽塵不驚疆場晏安邊人至今懷之

内官鎮守者

海壽任御馬監太監幼從
太宗皇帝征伐以勇敢稱入侍幃幄出監軍旅勤勞
久著宣德間
上以其舊人性誠實忠謹
命守寧夏能敷宣
國家恩德於境上張示
朝廷所降招安榜文俾速夷咸知厥角稽顙歎塞來
降然慶身儉約不貪貨財不擾於人邊人愛而
爹稱之

魯安永樂間同太監王良鎮守以勇敢稱征也先土堅率鐵騎先至其帳內降之屢使西域能宣布朝廷恩德遠人慕化從之入貢者數十國蒙列聖寵眷見任御馬監太監

王良 太監 楊謙 少監 沐真 少監 林春 少監

姚輔童 來福 御馬少監 正統二年二月陞太監

工部侍郎羅汝敬奉

勅巡撫陝西提督甘肅寧夏地田汝敬為人公勤廉幹雖在暮年來往甘肅寧夏驅馳跋涉道路數千餘里不憚辛苦能敷宣德意撫恤軍民邊人慕之

都御史叅贊征西軍務者

都御史郭智初為監察御史以正直廉幹用薦者

陞都御史俾守綏德撫民馭軍鎮遏有方衆咸稱

之

朝命叅贊征西軍事性嚴重處大體不急細事權豪

畏避咸守法度煩刑虐政橫科暴歛繁役之事悉

不敢為人以為如唐楊綰拜相日迎人樂其來以

其克振風憲也

監察御史按治者

陳夷　關可誠　黃仕庸　孫儼

王珣　吳傑　黎常　何忠

姜啓隆　張約 已上永樂年

傅吉　許資　梁幹　蘇霖

孫泓　邵宗　高敏 已上宣德年

顧理 正統元年　陳璇 正統二年　王瀚

戶部主事監邊衛軍儲者

張添賜

布政司恭政督糧運者

楊善　曹曾　陳琰　李寅

按察司副使督糧運者

劉瓚　金瀛　何楚英

河渠提舉司

提舉劉銳　副提舉沈瑜　郭資　魏淇

吏目張翱　皆創箇門者

名僧

永濟尚師河西人通三學為西夏釋氏之宗稱為祖師馬修建華嚴齋會科儀僧徒至今遵而行之

黑禪和尚河西人深通禪觀之學年六十餘示微疾先知死期至日坐化

死王事　司馬法曰將軍死綏春秋趙孟曰圖國志死貞也夫食人之祿必死人之事豈可臨難而苟免乎

王俶為陝西都指揮守寧夏永樂辛卯胡虜入寇俶與戰於大河之西竭力鏖戰虜死傷者衆遂北遁俶亦被重創死之時微俶力戰拒之則虜之勢愈張邊人不安矣其妻時氏聞其戰歿亦自經而死時戰歿者有指揮諸鼎千戶沈傑

津渡

楊家渡元時舊渡也洪武初尚於此渡後移於新渡

新渡洪武間移於此

應理州渡寧夏中衛立

陵墓

賀蘭山之東數塚巍然傳以為西夏僭竊時所謂嘉陵裕陵者其制度規模倣鞏縣宋陵而作

故正妃孫氏墳在帝州西北十餘里

橋

橋梁之設所以濟不通也古者十月成梁十二月與梁虞民未病故正妃孫氏墳…蓋南北東西懼其所適東知天下不可一日而無橋梁也

官橋元時舊橋也在渠延渠上

賀蘭橋在古城西唐朱渠上

赤闌橋在城東門外紅花渠上由此橋之麓景園也

園曹子建詩清夜游西園飛蓋相追隨吾張天錫教室園池日觀朝榮則欽才秀文士乾芝蘭則愛德行之臣觀松竹則思貞憚之士臨清流則貴廉潔之行見書齋則賤貪穢之使詩園有桃其實之殽杜詩名園依綠水前賢園林之遊豫其來久矣

麗景園居城東北紅花渠東予之果園也

謂塞北江南者也

赫連果園與此地廣記以此地為赫連勃勃果園所

壩

大壩在峽口北河水由此入唐來渠

小壩在大壩下流去大壩十餘里河水由此入漢

延渠

河渠

寧夏得河水溉田之利其来久矣按酈道元水經河水又北過北地富平縣西河側有兩山相對水出其間即上河峽世謂之為青山河又北逕富平縣故城西河水又北周薄骨律鎮城城在河渚上赫連果城也河水又北逕典農城東世謂之胡城富平縣即此也河水又北逕典農城東河水又與北枝津合水受大河東北逕廉縣故城東河水又北枝津合水受大河東北逕富平城所在分裂以溉田圃北流入河薄骨律鎮今靈州是也今之軍城富平縣地也

一河渠昔禹以為河所從来者高水湍悍急乃厮二
渠播為九河入于渤海此河渠之始也而周禮遂
人所掌遂溝洫澮詳矣河之為中國害者亦甚矣
西捃寧夏乃獨蒙其利焉今故錄之
漢王郡河渠西羌傳漢順帝永建四年虞詡上䟽
帝乃復朔方西河上郡使謁者郭璜督趣徙者各
歸舊縣繕城郭置候驛既而激河浚渠為屯田省
内郡費歲一億計漢三渠唐吐蕃傳大曆十三年
虜大首馬重英以四萬騎冦靈州塞漢御史尚書
光禄三渠以擾屯田為朔方留後常謙光所逐

唐光祿渠李聽傳靈州境內有光祿渠廢塞歲久大都督府長史李聽復開決舊渠以漑田
唐特進渠地理志靈州田樂有特進渠長慶四年七月詔開漑田六百頃會要云置
漢渠胡渠元和志靈武縣北四十二里有千金陂長五十里潤十里漢渠在縣南五十里從漢渠北流四十餘里始為千金大陂其左右又有胡渠御史百家等八渠漑田五百餘頃
元西夏河渠圖元世祖紀至元元年正月乙亥詔遣唆脫顏郭守敬行視西夏河渠俾其圖來上

元唐来漢延二渠張文謙傳至元元年詔文謙行中書左丞行省西夏中興等路浚唐来漢延二渠溉田十數萬頃人蒙其利郭守敬傳世祖中統四年加授提舉諸路河渠郭守敬為銀符副河渠使至元元年從張文謙行省西夏瀕河五州皆有古渠在中興者一名唐来其長四百里一名漢延長二百五十里其餘四州又有正渠十皆長二百里支渠大小六十八灌田九萬餘頃兵亂以來廢壞淤淺守敬更立牌堰皆復其舊夏人共為立生祠于渠上三年授都水少監

寧夏之渠皆古之舊也但其名異耳以其無圖經可考故也

漢延渠黃河西自閘口至渠尾長二百五十里支水灌田四千八百七十六頃

唐來渠黃河西自閘口至渠尾長四百里支水灌田四千七百一十八頃七十三畝

紅花渠在城外自西南轉東北而去鐵渠良田渠滿答剌渠新渠五道渠皆唐來漢延之支渠也

秦家渠黃河東自閘口至渠尾長七十五里支灌田八百九十二項三十五畝

漢伯渠黃河東自閘口至渠尾長九十五里支灌田七百二十九頃四十三畝
蜘蛛渠黃河西自閘口至渠尾長五十里支水灌田一百八十四頃三十畝
石空渠黃河西自閘口至渠尾長三十四里支水灌田六十頃八十畝
白渠黃河西自閘口至渠尾三十里支水灌田九十一頃六十畝
棗園渠黃河西自閘口至渠尾長三十五里支水灌田九十五頃六十畝

中渠黃河西自閘口至渠尾長三十六里支水灌田一百二十六頃六十畝已上五渠在應理州界

羚羊渠黃河東自閘口至渠尾長四十四里支水灌田三百八十五頃

七星渠黃河東自閘口至渠尾長二十二里支水灌田二百二十三頃八十畝已上三渠在鳴沙州界

寧夏城以其歷年既遠地鹹居人病之永樂甲申何福始引紅花渠水由城東垣開竇以入城中俾人日用然緣其循逺人家長六里餘水甚不絜福後得罪此亦一事也

朝廷以其久壋鑿城垣不先奏聞也

鹽池

按洪範五行一曰水水曰潤下潤下作鹹此鹽池所由生鹽也大抵中國南方所出是海水井水煎成之鹽皆待人力煎熬而成工費甚廣寧夏及胡中之鹽皆不勞人力水澤之中雨少因風則鹽自凝矣唐書食貨志鹽州有烏池白池瓦池細項池靈州有溫泉池兩井池長尾池五泉池紅桃池回樂池弘靜池地理志懷遠縣鹽池三紅桃武平河

池也二說不同懷遠即今寧夏之軍城也城北三十餘里有鹽池二城南一池去城亦三十餘里不審古為何名鹽池之在寧夏界內者大鹽池在三山兒東小鹽池在膏州東北

國朝設鹽課司收積池鹽以待客商支給萌城設秤盤所盤驗客商之鹽以防夾帶其餘花馬池字羅池狗池硝池石溝兒池忻都之北沙中有一池不知名並在河東

西夏請售青白鹽出烏白池夏人擅以為利自李繼遷叛乃禁毋入塞未幾罷慶曆中元昊納欵請

歲入十萬石售於縣官諫官孫甫等言車運疲勞又並邊戶嘗言青鹽價賤而味甘故食解鹽者少雖刑不能禁令若許之則並邊蕃漢盡食夏人所販青鹽不能禁止則解鹽利削陝西財用屈矣乃不許其請

屯田

漢文帝募民耕塞下已有屯田之說武帝屯渠犂始有屯田之規成於昭宣廣於魏晉而極盛於唐大抵漢之屯田以兵唐之屯田以民歷代或民或兵蓋不一也

六典唐天下諸州屯九百九寸有二河東道一百五十一屯大同軍四十屯橫野軍四十二屯靈州三十七屯朔州三屯蔚州三屯嵐州一屯蒲州五屯關內道二百五十八屯豐安二十七屯河州四屯夏州二屯使二屯鹽池七屯原南道一百七屯陳州至壽州河西道一百五十六屯赤水至天山隴右道一百七十二屯涓州至西使[河西隴右三百六十屯歲入六十萬石]河北道二百八屯幽州至榆關釖南道九屯巂八屯扣州一屯河南道陳許豫壽又置百餘屯

唐夏州屯田開元十五年令諸屯隸司農寺者每三十頃以上二十頃以上為一屯隸州鎮諸軍者每五十頃為一屯夏州屯二
唐靈鹽屯田李聽傳李聽為夏綏銀宥節度使又靈鹽部有光祿渠久廢聽始復屯田以省轉餉即引渠溉塞下地千頃人賴其利
元西夏屯田世祖紀至元三年五月丙午浚西夏中興漢延唐來等渠凡良田為僧所據者聽蒙占人分墾
元寧夏等處新附軍萬戶府屯田元世祖紀至元

十九年三月發遣南新附軍一千三百八十二戶
往寧夏等處屯田二十一年遣塔塔裏千戶所管
軍人九百五十八戶屯田為田一千四百九十八
頃三十三畝
元寧夏營田司屯田至元八年正月僉發已未年
隨州鄂州投降人民一千一百七十戶桩中興居住
十一年編為屯田戶凡二千四百丁二十三年續
僉漸丁得三百人為田一千八百頃
元寧夏路放良官屯田至元十一年從安撫司請
以招收放良人民九百四戶編聚屯田為田四百

元世祖詔唆脫顏郭守敬行視西夏河渠俾具圖來上

至元二十七年復立營田司于寧夏

二十九年寧夏府屯田成功墜其脫晃赤

元詔寧夏戶田繁多而土田半藝紅花令盡種穀麥以補民食

武宗至大元年寧夏立河渠司秩五品官二員禁少二僧為之

順帝至元三年立宣鎮侍衛屯田萬戶府於寧夏

國朝自洪武初則立軍衛屯田以省民間輸運之艱
宣德五年陝西布政司叅政陳琰
奏寧夏屯田水利皆被權豪勢要之家占使致此軍
　開水輸租欠少
上命工部侍郎羅汝敬馳傳同御史李琰陝西布都
　按三司官行視分理汝敬克奉
上命因
　奏設立河渠提舉司官有提舉副提舉吏目以司水
　利募人佃種荒田應募者衆是以田疇開闢邊之
　儲積不乏民力得以甦矣

洪武間設寧夏左右中屯衛職專屯田其寧夏衛前衛軍士率以六分屯田四分守城今則屯衛亦六分屯田四分守城矣護衛一千七百人屯田此國朝屯田之大槩也

職官

王府屬官長史司官有左右長史典簿紀善所無定員奉祠所審理所典寶所良醫所典膳所工正所已上官皆有正副典儀所有典儀引禮舍人已上皆洪武間設廣濟倉廣濟庫有大使副使教授伴讀無定員已上永樂間設

寧夏中護衛指揮使司洪武間設職專守衛王府
衛官有指揮經歷衛鎮撫屬官則有左右中前後
五所千戶所鎮撫衛鎮撫屬官則設五千六百名
儀衛司洪武間設正官儀衛正儀衛副屬官則有
典仗職專侍從執儀仗校尉一千一百二十名
寧夏群牧所洪武間設職專牧養王府牛羊駝馬
正官有千戶屬官吏目所鎮撫百戶甲軍定額一
千一百二十名
都司屬衛寧夏衛寧夏左屯衛寧夏右屯衛寧夏前衛寧夏右
屯衛寧夏中屯衛已上五衛皆洪武間設在寧夏

城中職專防邊衛有指揮經歷衛鎮撫屬官則有左右中前後五所千戶百戶所鎮撫旗軍定額五千六百名永樂間革去中屯衛併之於右屯為一衛

寧夏中衛洪武間設守應理州官軍同寧夏等衛

靈州千戶所屬寧夏衛今守靈州城官軍數同寧夏衛之五所

稅課局洪武年間設課程洪武間賜王府官有大使一

河渠提舉司宣德六年設官有提舉吏目

驛傳

洛書云野之道十里有廬廬有飲食三十里有宿宿有路室室有委五十里有市市有候館候館有積蓄所以符朝聘之官驛者又言置騎將以備送也今之館驛即古之候館也

永樂間調陝西都司屬衛行營士馬於西古城內駐劄以備胡寇都指揮周或統領之

寧夏在城驛高橋兒驛在靈州石溝兒驛鹽池驛

萌城驛皆洪武間設立以百戶領甲軍應役民亦有應役者

寧夏在城遞運所高橋兒遞運所

鹽池遞運所萌城遞運所亦皆洪武間設立以百戶領甲軍應役

铺舍自寧夏至慶陽界共二十所洪武間設為迎

文書郵也

牧馬塩苑 周官校人掌五馬之政牧師掌牧地皆有厲禁而頒之孟春焚牧中春通掬廋人掌十有二閑之政古者牧養之馬有藏之官民官民通牧者周也牧於民而用於官者漢也牧於官而給於民者唐也
金勒鐵官於待軍國文用

唐有河西監塩州監以牧馬

國朝之牧苑在寧夏界者二清平苑在三山兒東萬安苑在大塩池南

公宇 周禮以八法治官府釋之者曰官府所居曰府此則官廨大戴禮古者設官分職以治事不可無以居其實誠內置郎寺監外列百司庶府莫不有治所今之衙府是也

王府予洪武葉未受茅土之封壬申入關
上以寧夏倉積糧儲尚寡命居於韋州辛巳冬渡河
始建國於此今文室宇寧夏衛公署也永樂丁亥
上命內官太監楊昇工部主事劉謙王恪欽天監陰
陽人陳俊卿欲為予造宅時予心欲內徙是以不
果造也但築外垣立欞星門
長史司欞星門內道西
護衛欞星門內道東
儀衛司欞星門外新街西
海太監宅提舉司西

柳平羌宅舊在城驛也今在予府牆內
都督胡原保定伯梁銘宅即今海太監之宅也
陳寧陽宅北城內德勝門街西
都指揮張麟宅陳寧陽宅西
都指揮盧保宅報恩寺後
前都指揮閻俊宅王府前門西
巡按御史察院在城東南水渠北
河渠提舉司前衛倉西
寧夏衛城南薰門內街西
左屯衛城東北

右屯衛鎮遠門內街南
前衛城德勝門內馬神廟
前都指揮孫霖宅陳寧陽宅南
前都指揮張翼高宅鼓樓北街東
鼓樓王府北
鍾樓真武堂東北
　皇華館
城南五里而近居大路之東宣德八年予府中所作者以為迎接
詔書之所

接官亭

居皇華館之北大路西宣德八年海太監守寧夏日所作以為送往勞來之所

教武場

居城北大路西洪武間耿忠守此日築者後之元戎鎮守者平時教武春秋大閱咸在扵此凡列隊伍布行陣進退之節皆栁安遠陳寧陽保定伯胡都督鎮守日教習定之規矩

天使館

在城中新街西正統元年春予府中築此以俟中

祥異

洪武初馬都督守寧夏日其家中兔鶻忽生一卵問之人一老者曰此不祥也城其空乎後果奉

詔棄此地徙土民於陝西城遂空

洪武甲戌護衛軍人張秋童入賀蘭山伐木時秋童方十六歲深入谷中見二老者坐石上問秋童何為而來對以伐木呼使之前與之錢盈掬復往視則無見矣錢至今有牧得者二老果仙者歟葢

勅旨來者於此居之貴人之賞

可得而知也
已卯歲二月人有行石溝道中見一人乘雲而行
於空中若今之畫洞賓者果仙耶術士耶
洪武間指揮徐真父徐昊嘶領軍營於境外黃河
邊地名梧桐樹忽一日午間一大星墜於河水中
火發延及岸上營中軍人有被傷者後徐氏父子
罹黨逆之誅家破矣
永樂三年乙酉子進兩岐麥數莖於
朝禮部率百官稱
賀

永樂乙未中護衛軍位定兒妻陳氏一產三男子朝廷禮部差官賞鈔二百五十貫米五石
永樂間槨平羌守寧夏日城南門外壕邊槨樹無故自焚後卒有南征之禍
永樂甲戌歲金波湖產合歡蓮一
磁窑東南一鎌水池俗呼為龍王潭永樂間牧馬胡人一日於水上見一蛇身人首面赤胡人無知櫬以牛尿中之遂不見後其家死亡相繼無一存者
蒙一

永樂間予獲海菓白鶻一聯白鷹二聯宣德間獲白鷹一聯俱進於

朝百官亦稱

賀

宣德間海太監進連理瓜二於

朝

宣德間陳寧陽進玄兔一白雉一

女媧神唐肅宗將至靈武一驛黃昏有婦人長大攜雙鯉咤於營門曰皇帝何在衆以為狂上令諸視舉止婦止大樹下軍人有逼視見其臂上有鱗

雜誌

寧夏昔為元昊僭竊之地今考其興滅之年錄之

初唐太宗貞觀三年冬閏十二月乙丑党項酋長細封步頼并別部拓跋氏等來降僖宗中和元年夏四月拓跋思恭以兵赴國難戰黃巢有功帝命

俄天黑失所在及上歸京虢州刺史王奇光奏女媧墳去天寶十三載大雨晦冥忽沉今月一日河上有人覺風雷聲曉見其墳踴出上生雙栁樹高丈餘下有巨石初上克復使祝史就其所祭之至是而見眾謂婦人是其神也

思恭權知夏綏節度使八月陛思恭為夏綏節度
使賜姓李氏昭宗乾寧三年八月癸巳思恭弟保
大節度使李思孝為北面招討使定難節度使李
思諫為東面招討使至是宋太宗太平興國七年
壬午歲十月李繼捧來朝獻州四夏銀綏宥縣八
其西夏自天福年號以來未嘗入覲繼捧來太宗嘉
之繼捧且自陳諸兄弟多相怨對願留京師詔授
彰德軍節度留京師奉朝請賜姓趙氏名保忠錫
夏綏銀宥密五州使淳化元年歲夏四月李繼
寇邊命將出師敗繼遷於夏州淳化二年秋七月

繼遷降賜姓趙氏名保吉授銀州觀察使保忠陰與保吉為唇齒雖外示歸順而潛結羌戎侵冦不止先是趙保忠奏繼遷誘蕃戎入冦乞師帝命翟守義師屯夏州繼遷恐乃奉表歸順淳化五年甲午春正月李繼捧與李繼遷叛帝遣李繼隆率兵討之進攻夏州李繼捧狼狽出降就擒繼捧以歸帝詰責數四詔釋之留京師繼遷終反覆不臣卒為國患至道元年乙未九月李繼隆率兵討李繼遷犯邊冦靈州至道二年丙申九月帝復命李繼隆分五路討李繼遷丁酉年二月繼遷遁去十二月繼遷遣使修貢求

備邊任時真宗初登位方在諒除姑從其請加遷
遷定難節度封以夏綏銀宥靜五州咸平四年歲
陷靈州咸平六年十二月李繼遷陷西凉府溜羅
九月繼遷陷清遠軍詔討之壬寅年三月李繼遷
支邀擊之繼遷中流矢死子德明襲位天禧元年
丁趙德明以民飢上表乞糧數百萬詔許之丁邜
仁宗天聖五年也五月趙德明寇邊明道元年封
趙元昊德明西平王王是寶元元年十二月趙元昊
借號先是元昊欵南侵恐喃厮羅制其後復舉兵
攻蘭州諸羌至馬銜山遂築丸川會城元昊既悉

有夏銀綏靜宥靈鹽會勝甘涼瓜沙肅之地仍居
興州阻河依賀蘭山為固始大補偽官創十六司
以統衆務又置十八監軍司委酋豪分統其衆為
鎮守總十五萬人又選豪族善弓馬三千迭直號
六班直元昊制番書改元大慶卒用其黨楊守素
之謀纂壇受冊號始文英武興法建禮仁孝皇帝
國稱大夏改大慶二年曰天授遣使來告僭號約
旌節敕告上表畧曰臣父德明嗣奉世封勉從朝
命三十年邊情善守五千里職貢常輸臣偶因端
閩報生狂斐制小番之文字改大漢之衣疑不期

曆運在茲寧民同請伏望皇帝陛下許以西郊之禮册為南面之君敢竭愚庸常敦歡好朝廷議討之元昊從此狷獮寇陷軍州或順或逆蓋自五代唐明宗天成間縱亂剽掠而州城被擾且河西諸鎮言定難節度使李仁福潛通契丹朝廷慮其連兵併吞河右南侵關中長興四年三月癸未仁福卒遷其子彝超為彰武留後彝超不奉詔遣其兄阿囉王守圭嶺關集境內党項諸胡以自守而輕朝廷廢帝清泰二年二月丁丑夏州城赫連勃勃所築之城拓跋氏世居焉節度使李彝超上言疾病以兄行軍司馬彝殷權

知軍州事彝超尋卒晉出帝開運元年二月壬子
詔以彝殷為契丹西南面招討使漢乾祐二年正
月甲寅詔以靜州隸定難軍二月辛未彝殷上表
謝彝殷以中原多故有輕傲之志每藩鎮有叛者
常陰助之邀其重賂朝廷知其事亦以思澤羈縻
之周顯德二年正月庚寅定難節度使李彝興耻
與折德扆並列節度乃塞路不通周使二月癸未
世宗遣供奉官齊藏珍齎詔往責之通鑑至宋太平
興國七年十月李繼捧來朝太宗嘉之詔授彰德
軍節度賜姓趙名保忠留京師奉朝請仁宗寶元

戊寅趙元昊僭稱帝至是丁亥七月二十七日元朝滅之止一百九十年

元昊德明子以宋仁宗寶元元年僭號在位十七年改元開運一廣運二大慶二天授禮法延祚十一年四十六殂謚曰武烈皇帝廟號景宗墓曰泰陵子諒祚立

諒祚在位二十年改元延嗣寧國一天祐垂聖三福聖承道四䚽都六拱化五年二十一殂謚曰昭英皇帝廟號毅宗墓曰安陵子秉常立

秉常在位二十年改元乾道二天賜禮盛國慶五

大袞十一天安禮定一年三十六殂諡曰康靖皇
帝廟號惠宗墓曰獻陵子乾順立
乾順在位五十四年改元天儀治平四天祐民安
八永安三貞觀十三雍寧五元德八正德八大德
五年五十七殂諡曰聖文皇帝廟號崇宗墓曰顯
陵子仁孝嗣
仁孝在位五十五年改元大慶四人慶五天盛二
十一乾祐二十四年七十殂諡曰聖德皇帝廟號
仁宗墓曰壽陵子純佑嗣純佑改元天慶開禧二
年正月二十日廢逐在位十四年年三十殂諡曰

昭簡皇帝廟號桓宗墓曰莊陵
安全崇宗之孫越王仁友之子開禧二年正月廢
其主純佑自立改元應天在位六年年四十二殂
謚曰敬穆皇帝廟號襄宗墓曰康陵遵頊立
遵頊以宗室為大都督府主不詳其得繼立之由
改元光定傳位於其子德旺年六十四殂謚曰英
文皇帝廟號神宗
德旺年四十六殂改元乾定廟號獻宗
清平郡王子南平王睍立二年為元所取國遂亡
夏州北渡烏水經賀蘭澤抜利千澤過沙次西橫

劉沃野泊長澤白城百二十里至可朱渾谷原又經故陽城澤橫劉北門突紇利泊石子嶺百餘里至阿頹泉又經大非苦鹽池六十六里至賀蘭山又經庫也干泊彌鵝泊揄祿澤泊百餘里至地頹澤又經步拙泉故城八十八里渡烏郡水經胡洛鹽池紇伏千泉四十八里度庯結沙一曰普納沙二十八里過横水五十九里至二十賣故城又十里至寧遠鎮又涉屯根水五十里至安樂戍成在河西壩其東壩有古大同城今大同城故永濟柵也北經大泊十七里至金河又經故後魏沃野鎮城

傍金河過吾長城凡二十二里至吐俱麟川傍水行經破落汗山賀悅泉百三十一里至步越多山又東北二十里至纈特泉又東六十里至賀人山又西磧口有詰特犍泊吐俱麟川水西有城城東南經犮厥那山二百三十里至帝割達城又東北至諧真水汊又東南百八十七里經古可汗城至鹽澤又東南經烏啅谷二百七里至古雲中城又西五十五里有綏遠城皆靈夏以北蕃落所居

西夏曩霄之叛其謀皆出於華州士人張元與吳昊而其事本末國史不書比得田畫承君集實紀

其事云張元吳昊姚嗣宗皆關中人負氣倜儻有縱橫才相遇友善嘗薄遊塞上觀視山川風俗有經略西鄙意姚題詩崆峒山寺壁在兩界間云南粵干戈未息肩五原金鼓又轟天崆峒山叟咲無語飽聽松聲春晝眠公從邊見之大驚又有蹋破賀蘭石掃清西海塵之句張為鸜鵒詩牽車曰好著金籠收拾取莫敎飛去別人家吳亦有詩將謁韓范二帥耻自屈不肯徃乃龍大石刻詩其上使壯夫拽之椉通衢三人從而哭之欲以皷動二帥既而果召與相見人蹟蹐末用閒張吳徑走西夏

以急騎追之不及乃表姚吳既亦夏國
夏人倚為謀主以抗朝廷連兵十餘年西方至為
疲弊職此二人為之時二人家屬羈縻涇州間使
諜者矯中國詔釋之人未有知者後乃聞西人臨
境作樂迎此二家而去自此邊帥始待士矣姚又
有述懷詩曰大開雙句眼只見一青天張有雪詩
曰五丁仗劍決雲霓直取銀河下帝畿戰死玉龍
三十萬敗鱗風卷滿天飛吳詩獨不傳憶此數聯
可想見其人非池中物也容齋州三筆

寧夏志卷上

寧夏志卷下

文

靈武受命宮頌并序　　唐 楊炎

臣聞乎天降命惟德也戡難奉時惟聖也必有非常之運是興撥亂之功君以蒼生為憂不以濡足為患以寧濟為業不以脩身為道此陶唐所以捨而不畏舜禹所以受而不疑靈武宮皇帝躍龍之所日者姦臣竊命四海蕩波我聖皇天帝揉命曆之數落龍圖作受命之書昌付于我皇帝皇帝方牽崆峒以求至道次於是群公卿士頁玉旒金鸞璽之氣

芒碭之野三進於閭闔之中曰臣聞在昔軒心運
禍大盜中國神農氏兵莫能勝天降玄文勑軒轅
氏大定其災厥後堯有九州之害而命禹以四
海之功而受舜陛下主芑大位十有九年精爽者
皆美德馨乾坤也必聞幽贊玄德上達景福有歸
六聖觀命曆之期兆人有臨難之情陛下畏災運
而不寧棄黎元而不顧以至仁為薄以天寶為輕
臣等若不克所請與億兆之眾將被髮袒膺號於
天而訴於帝矣皇帝唯然改容曰豈人心歟丁卯
廣平王俶太尉光弼司徒子儀尚書左僕射冕

部尚書輔國與北軍將士西土耆老萬五千人排
閶以訴帝曰今豺狼穴居宮闕陛下兆庶為餌宗
廟為墟若臣等誠懇未通是高祖不歆於太廟且
陛下涉渭則洪流洄瀯則慶雲見布澤而川溢
廣勤道而嘉禾生靈祇髣髴感臣聞符命
待聖而作天運否終而會歲猰貐會也睿武英
明聖也臣等敢眛死上聞帝乃灑齋宮啓金匱鳴
咽拜受詔有司大赦天下改元日至德元年尊聖
父為文武大皇帝是日煙雲變作士廥踢躍黃龍
見於東野紫氣滿於天門翌日也數百里衣裳會

兼旬也數千里朝貢會踰月也天下兵車會決時
也四方戎狄會以一旅成百萬之師率胡夷平社
禝之難禮郊祀戴聖皇與人合誠心必氣消天癘
動閟不吉歆無不報是以白鹿擾於王庭靈芝產
於延英化動而功成淵默而頌聲言禪代者陋蒼
梧易姓之名語嗣守者羞虞唐堯積善之厚述戡定
者數四紀而復夏羨中興者出三六而滅新於戲
神祗之所歸牲品物之所法象鼓飛龍於尺水仗
大義而東向矢謨發琥實在茲都願篆石宮庭以
舊萬古佛過山澤知風雨之興窮造化識天地之

臣炎稽首敢獻頌曰
赫赫河圖啓天之祜雲從億萬皇在九五惟昔陶
唐堯克傳舜禹濬也武也夫何足數彼妖者勃惟
暴惟貪天實即命人將不堪皇曰內禪于再于三
盡武之善去湯之憝兵車百萬洶洶雷震橫會九
州為行為陣恃力者蹄從命者順孝以奉天神而
撫運至德唐堯崇功大禹嶓嶓北叟噩白而覲沛
邑空歊周原已古徘徊頌聲永介茲土
　中書門下賀靈武破吐蕃表　　唐權德輿
臣某等言臣等今日面奉德音靈武大破吐蕃擒

生斬將者伏以廡謀武經陰隲聖畧兵符所授攻
戰多方蓋茲犬羊尚勞燼燧旁師專命中權戒嚴
椅角相因設險於三覆奇正合發俄欵功於七
擒數酋渠之首級積戎械於亭障勝乘餘勇鼓行
無前即斂可期有征斯在臣等謬居樞㧞莫効涓
埃每承以律之貞空荷止戈之逺無任慶快踴躍
之至謹奉表陳賀以聞貞元十四年十
　　　月二十九日
　　授田年靈州節度使制
　　　　　　　　　　唐將伸
門下秦築城以備虜未若選將為長城漢設䇿以
禦戎吾知得人為上䇿況朔野之北全涼以東兵

臨五城地遠千里非疇勞無以分爵土非用武何
以示恩威副吾勤求允屬雄傑檢校金紫部尚書
金吾衛大將軍田年才度間生智能燕肇家承弓
冶業檀韜鈐而又揭厲儒流詳開吏術不戰而烽
煙自息喜兵而勝負已知迫早服官崇常參羽衛
流五原之懿績擋三鎮之威聲風猷鶚然令望斯
著如爾弟兄之孝友化自閨門祖父之忠貞書
于竹帛是用擢在環列為予警巡觀其形容益見
誠意朕以党羌未滅邊障是憂藉汝通明與我安
撫所宜勵清廉菸廣俗宣惠澤於戎人恢紀律貴

答趙元昊書　　　宋范希文

州節度使

加毛玠之榮不改趙充之秩可檢校吏部尚書靈

乎齊刑理蠻夷惡其生事藩垣北地橿帶長河仍

正月日具位某謹脩誠意奉書于夏國大王伏以

先大王歸嚮朝廷心如金石我真宗皇帝命為同

姓待以骨肉之親封為夏王覆此山河之大旌旗

車服降天子一等恩信隆厚始終如一齊桓晉文

之盛無以過此朝聘之使往來如家牛馬駝羊之

產金銀繒帛之貨交受其利不可勝紀塞垣之下

逾三十年有耕無戰禾黍雲合甲胄塵委養生送
死各終天年使蕃漢之民爲堯舜之俗此真宗皇
帝之至化亦先大王之大功也自先大王薨背今
皇震悼累日嗟呼遣使行吊贈之禮以大王嗣守
其國爵命崇重一如先大王昨者大王以本國報
多之情推立大位誠不獲讓理有未安而遣行人
告于天子又遣行人歸其旌節朝廷中外莫不驚
憤請牧行人戮於都市皇帝詔曰非不能以四海
之力支其一方念先帝歲寒之本意故夏王忠順
之大功豈一朝之失而驟絕之乃不較而還假有

本國諸蕃之長抗禮於大王而能令父之若此乎省初念終天子何負於大王哉二年以來疆事紛起耕者廢耒織者廢杼邊界蕭然豈獨漢民之勞弊耶使戰守之人日夜射虎競為春噬宛傷相枕哭泣相聞仁人為之流涕智士為之扼腕天子遣其經度西事而命之曰有征無戰不殺非辜王者之兵也淡泩欽哉其拜手稽首敢不夙夜于懷至邊之日見諸將帥多務小功不為大畧甚求副天子之意其與大王雖未嘗高會嚮者同事朝廷於天子則父母也於大王則兄弟也豈有孝於父母

而欲害于兄弟哉可不為大王一二而陳之僕曰
名不正則言不順言不順則事不成大王世居西
土表冠語言皆從本國之俗何獨名稱與中朝天
子侔擬名豈正而言豈順乎如衆情莫奪亦有漢
唐故事單于可汗皆本國極尊之稱具在方册綦
料大王必以契丹為比故自謂可行且契丹自石
晉朝有援立之功時已稱帝今大王世受天子建
國封王之恩如諸藩中有叛朝廷者大王當為霸
主率諸侯以伐之則世世有功王王不絕乃欲擬
契丹之稱究其體勢昭然不同徒使瘡痍萬民拒

朝廷之禮傷天地之仁易曰天地之大德曰生聖
人之大寶曰位何以守位曰仁是以天地養萬物
故其道不窮聖人養萬民故其位不傾又傳曰國
家以仁獲之以仁守之者百世昔在唐末天下恟
恟群雄咆哮日尋干戈血我生靈腥我天地滅我
禮樂絕我稼穡皇天震怒罰其不仁五代王侯覆
亡相續老氏曰樂殺人者不可如意於天下誠不
誣矣後唐顯宗祈于上天曰願早生聖人以救天
下是年我太祖皇帝應祈而生及歷試諸難中外
忻戴不血一刃受禪于周廣南江南荆湖西川有

九江萬里之阻一舉而下豈非應天順人之正乎
由是罷諸侯之兵革五代之暴㗖八十年天下無
禍亂之憂太宗皇帝聖文神武表正萬邦吳越納
疆并晉就縛真宗皇帝奉天體道清淨無為與契
丹通好受先大王貢禮自茲四海熙然同泰今皇
帝坐朝至晏從諫如流有忤雷霆雖死必救故四
海之心望如父母此所謂以仁獲之以仁守之百
世之朝也其料大王建議之初人有離間妾言邊
城無備士心不齊長驅而來所嚮必下今以強人
猛馬奔衝漢地二年于茲漢之兵民固有血戰而

死者無一城一將願歸大王者此可見聖宋仁及
天下邦本不搖之驗也與夫間者之說無乃異乎
今天下父子人人泰然不習戰鬬不熟紀律劉平
之徒忠敢而進不顧衆寡自取其困餘則或勝或
負殺傷徒多大王國人必以獲劉平為賀昔鄭人
侵蔡獲司馬公子燮鄭人皆喜惟子產曰小國無
文治而有武功禍莫大焉而後鄭國之禍皆如子
產之言今邊上訓練漸精恩威以立有功必賞敗
事必誅將帥而下大知紀律莫不各思奮力効命
爭議進兵如其不然何時可了今招討同統兵四

十萬約五路入界著其律曰生降者賞殺降者斬發精強者賞室老幼婦者斬遇堅必戰遇險必奪句取則取可城則城縱未能入賀蘭之居彼之兵民降者死者所失多矣是大王自禍其民官軍之勢不獲而已也其又念皇帝有征無戰不殺非辜之訓夙夜于懷雖師帥之行君命有所不受柰何鋒刃之交相傷必衆且番兵戰死非有罪也忠於大王耳漢兵戰死非有罪也忠於天子耳使忠孝之人肝腦塗地積累怨魂為妖為災大王其可忽諸朝廷以王者無外有生之民皆為臣子何番漢

之恨或何勝賢之言哉其與招討大帥夏公經畧密學韓公當議其事莫若通問於大王計而決之人命也其炎利甚衆大王如能以愛民為意禮重下朝廷復其王爵承先大王之志天下孰不稱其賢哉一也如衆多之情二讓不獲前所謂漢唐故事如單于可汗之稱尚有可稽於本國語言為便復不失其尊大二也但臣貢土國存中外之體不召天下之怒不逆天下之兵伐番漢邊人復見康樂無死傷相枕哭泣相聞之醜三也又大王之國府用或闕朝廷每歲必有物帛之厚賜為大王助

四也又從來入貢使人止稱蕃吏之職以避中朝之尊按漢諸侯王相皆出真拜又吳越王錢氏有承制補官故事功高者受朝建之命亦足隆大王之體五也昨有邊臣上言乞招致蕃部首領其亦已請罷大王告諭諸蕃首領不須去父母之邦但囬意中朝則太平之樂遒通同之六也國家以四海之廣豈無遺才有在大王之國者朝廷不斁其家安全如故宜善事主以報國士之知惟同心響順自不失其富貴而宗族之人必更優恤七也又馬牛驢羊之產金銀繒帛之貨有無交易各得其

所八也大王從之則上下同其美利生民之患斷
乎息矣不從則上下失其美利生民之患何時而
息哉其今日之言非獨利於大王盖以奉君親之
訓牧生民之患合天地之仁而已乎惟大王擇焉
不宣其再拜

夏國皇太后新建兼天寺瘞佛頂骨舍利軌

原夫覺皇應跡月涵衆水之中聖教傍輝星列周
天之上盖󠄀磨什鈍道澄圖常表至化以隨機
顯洪慈而濟物縱輕塵劫愈自彰形崇寶刹則綿
亘古今嚴梵福則靡分遐邇我國家慕隆丕構銀

啟中興雄鎮金方恢柘河右皇太后承天顧命冊
制臨軒鑾萬務以緝綏儼百官而承式今上皇帝
幼登宸極鳳秉帝圖分四葉之重光契三靈而纘
祐粵以潛龍震位受命冊封當紹聖之慶基乃繼
天之勝地大崇精舍中立浮圖保聖壽以無疆俾
宗祧而延永天祐紀曆歲在攝提季春廿五日壬
子建塔之晨崇基疊於砠礒峻級增乎領䫉金棺
銀槨瘞其下佛頂舍利閟其中至哉陳有作之因
仰金仙之舊範、、無邊之福祉、符、、之欽
崇曰叨奉作之綸言敷楊聖果虔抽鄙思謹為銘

大夏國葬舍利碣銘有儈射蕪中書侍郎平章事臣張陟奉

臣聞如來降凡率天宮寄迦維衛國罰諸母脅生、、靈踰彼王城學多瑞氣甫及半紀頗驗成功行教、、衍之年入涅槃仲春之月舍利麗黃金之色齒牙宣白玉之光依歸者雲屯供養者兩集其來尚矣無得稱焉我聖文英武崇仁至孝皇帝陛下敏辯邁唐堯英雄、漢祖欽崇佛道撰述一蕃文柰死蓮宮悉心修飾金乘寶界合掌護持是致東旦名流西天達士進舍利一百五十顆并中指骨一節獻佛手一枝及頭骨一方鏨以銀櫬金槨鐵匣石匱衣以寶物、以毗沙下通樞地之泉上構連雲之塔香花永、金石周陳所願者保佑邦家並南山之堅固維持徹嗣同春萬之延長百僚齊奉主之誠萬姓等安家之羣邊塞之干戈偃息倉箱之菽麥豐盈、于萬品之瑞靡悉一、之、謹為之銘曰、者降神兮開覺有情肇登西印兮教化東行、、之後兮舍利光明一切眾生兮供養虔誠、、聖主兮敬其三寶五百尺修兮號曰

塔形、蕭芍葬于茲壞天長地久芍庶幾不
頹大夏天慶三年八月十日建右諫議大夫羊、
書今考之其慈佛頂骨曰天祐紀曆歲在攝提
提在古甲子為寅乃夏英宗諒祚天祐禮聖元年
宋仁宗皇祐二年庚寅也其藏舍利曰天慶三
乃夏桓宗純祐天慶三年宋寧宗慶元二年丙辰
也碑陰刻曰尚書右僕射中書侍郎平章事監葬
舍利臣劉仁勖都大勾當修塔司同監葬舍利講
經論沙門事臣定惠
二孝贊并序 唐李華

靈武二孝曰侯知道程俱羅目不覩朝廷之容耳
不聞韶夏之聲足不登齊魯之境所見戎馬旌裘
於於夷狄而能生養以孝沒奉以哀穿壙起墳出
於身力鄉人助之者哭而反之廬於塚次號泣無
節侯氏七年矣程氏三年矣根於天性陶我孝理
其至乎哉埃垢積首草生髮間每大漠晨空連山
夜寂人煙四絶虎豹與鄰擁墳椎膺聲氣咽塞下
入九泉上徹九天背爛心朽皮枯節學草木先秋
而凋落景氣不時而疑閉殊禽異獸助之悲鳴萬
物有極此哀無窮大哉二子能以孝終始乎語曰

孝如曾參不忍離其親生既不忍歿忍離之哉二子之孝過於魯氏矣昔吳起忍與母盟陳湯忍擅父喪起謀復楚霸而戰死湯功釋漢恥而囚憂神道昭昭若何無報九州之衆誰非人子或霜露者聞風永懷士有感一諾一顧猶或奠之死生嘉草一木猶為之歌詠而况百行之先終天之感乎華奉使朔陲欲親往弔焉属河凌絕渡願言不果憑軾隔川寄聲二孝同為贊一章敢旌善人以附愽史其文曰

厥初生人有君有親孝於親者為子忠於君者為

臣兆自天命降成人倫背死不義忘生不仁愚及
智就為之禮文禮文不能節其哀繁道德之元純
至哉侯氏創鉅病毁手足胼胝成此高墳蔬果為
奠芽蒲為茵其奉也敬其生也貧大漠黃沙空山
白雲栢庭既夕松路未晨冦戎樓境豺狼成群夜
黑飈動如臨鬼神哭無常聲廻徹蒼昊風雨漂摇
支躰鱗皴色慘義蒿聲酸棘薪首斬三年爾獨終
身邑子程生其衰也均顧後絕配瞻前無鄰冬十
一月氷塞津吾将弔之其路無因寄誠斯文揮

渡河濱

故西夏相斡公畫像贊　　　　元虞集

公姓斡氏其先靈武人從夏主遷興州世掌夏國
父公謙道冲字宗聖八歲以尚書中童子舉長通
五經為蕃漢教授譯論語註別作辭義二十卷曰
論語小義又作周易卜筮斷以其國字書之行於
國中至今存焉官至其國之中書宰相而歿夏人
當尊孔子為室聖文宣帝是以畫公像列諸從祀
其國郡縣之學率是行之夏亡郡縣廢於兵廟學
盡壞獨甘州僅存其迹興州有帝廟門榜及夏主
靈芝歌石刻涼州有殿及廡皇元至元間公之曾

孫雲南廉訪使道明奉詔使過涼州見殿廡有公從祀遺像歔欷涕洟不能去求二人摹而藏諸家延祐間荊王脩廟學盡撤其舊而新之所象亡矣廉訪之孫奎章典籤王倫徒嘗以禮記舉進士予成均於閣下又為僚為閒來告曰昔故國崇尚文治先中書興有功焉國中從祀廟學之像僅存兵火之餘而泯墜於今日不亦悲夫先世至元所摹像固無恙也願有述焉以貽我後之人乃為錄其事而述贊曰
西夏之盛禮事孔子極其尊視爰營廟祀乃有儒

臣蚤究典謨通經同文教其圖杯邊轎英君作服
施采顧瞻學宮遺像斯在國廢人遠人鮮克知壞
宮改作不聞金絲不忘其親在賢孫子戰圖丹青
取徵良史

寧夏莎羅模龍王碑記　　金陵王遜

永樂二年冬十月廿八日內使李儁召臣遜至樂
善堂傳
王命曰在昔嘗夢莎羅模龍神祠今已新其棟宇
舉所當祭而麗牲之碑未有刻文故茲命汝臣遜
既退伏讀王之夢記曰予以蒐出軍次峽口遇天

大雪苦寒心為人憂夜夢山林謁于神祠不知何神問之守者對曰此為莎羅模龍神祠也啟閣門
廟金碧粲煥與禮者導予登自東階見服霞帔若
后妃者南面而坐旁侍二女前列一几上置牛首
拜茵織成山川五彩狀予欲拜際見衣玄衣執圭
若王者令人荅予拜及去予始就拜茵有一青衣
荅拜皆褒拜乃止予欲退際則霞帔者起坐仇酒
飲予以辭畢自飲已復仇酒殷勤知辭不獲竟飲
而寤實咬元春正月廿五夜也明日問之地著對
曰去此西不三舍信有所謂莎羅模山焉下有三

泉涌出地中雷鳴電迅瑩清其深巨測而為
莎蘿模祈答剌模失哈剌模三龍王之蟄窟於
旱潦雨暘報應一方賴之昔其祠燬于元季今
存瓦礫而已與予夢符乃羞異日人神道殊幽明
理一舉祭在子不可緩也因遣官致祭於徃雪寒
人懽謠予則易憂為喜矣繄之夢記
如昨既竣事則陰靄四開太陽宣精春意盎然軍
澤之神感乎王之憂人亦欲效職封內以禦菑捍
患之功食祭典無窮故見於夢者若此予謹䟽春官
太宗伯掌建邦之大神人龜地示之禮以令夢記

則縶地示其祭有三以貍沈祭山林川澤瘞血祭
諨辜之一蓋血祭用之以祭社稷五祀五嶽諨辜
用之以祭四方百物皆所以祭地示也今夫賀蘭
在封內為名山延亙數百里以限夷夏若莎羅模
山者則為賀蘭之首峭拔極天巖谷摩諸林木蔽
虧以逆河流九曲到海之勢縶祭山林川澤以貍
沈者於是乎在西望崑崙乃王母所理陰氣之都
會若王之夢霞帔者豈其闑靈歟不然羹以牛首
置几哉以牛在十二支為丑土象也妒崑崙又名
地首其為王母闑靈足徵矣若玄衣者即地著所

謂龍王也其神玄冥水象也龍為辰變化惟能以甲戌加子至辰為壬乃水化也以壬加子至辰為丙乃火化也雨屬水勝屬炎於禱旱潦而雨暘輒應者非緜龍為辰變化惟能哉若登自東階者東階以登主西階以登客禮也惟君臨臣則不然臣統於君故登自東階示主人神可知也若拜茵織成山川狀者亦示山林川澤之祭封內所當舉是故其神之欲食榮際王欲拜閻靈而先令人咨王拜也於際欲退則閻靈者飲以仇酒嘉栗馨香而王竟飲者以明國祚之與地首同其悠久又足

徵矣嗟乎為君之主人神大矣哉是宜山林川澤之神感乎王之憂人亦欲效職封內以禦菑捍患之功食祭無窮故見於夢者此也記不云乎人神道殊幽明理一王言及此社稷之福真經言也今已新其棟宇舉所當祭臣遜不敏敢措辭哉然職在文學不可以辭輒敢左氏傳經之義用釋夢記經言于麗牲之碑且俾後之觀者知所起歎焉辭曰
為夢有三致齋戒陟精神所感得今占吉致出思慮而至有因畫之俯仰為齋縣人無心感物無所

拘滯乃咸陟為各有其意歟今夢謁可謂善之覃次峽口俯仰在茲雪寒人憂思慮則是神之感乎有因而至亦欲效職感物無心拘滯何有所夢山林睠茲賀蘭奠安西夏若沙羅模則其為亞陰陽二氣金母木公雨暘生物共理西東知是名山脈來地首國胙與同悠久以人神主實在為君事見於夢朕豐網縕惟仁存心克念王制山川神示舉所當祭道殊理一經言可尊傳義竊取用釋經言人憂乃仁祭舉乃義請視刻碑可知世世

宜秋樓記　　　　凝真

予居夏之七年於城東金波湖南擇地之爽塏者構樓焉四皆田疇憑闌縱目百里畢見名之曰宜秋客有謂予者曰凡天地山川園池之景物於春為盛故人有遊春探春者以悅乎心目發為歌詩有宴樂嬉戲之意焉昔人有名樓閣園亭曰望春麗春宜春熙春者蓋春之景可以動人者故也若秋則天地氣肅草木搖落風景蕭條故人皆觀悲之以愴神感懷發為歌詩咸道離情羇思之若今子名樓曰宜秋其亦有說乎予應之曰春之景羙矣麗矣嬌艷備矣信可以娛目怡情矣然而東

其有補於政教者無乃無從而得乎特貴公子依
客之樂也非大人君子之樂也今予名樓曰宜秋
其義大矣四五月間麥秋至登樓眺遠黄雲萬頃
瀰滿四野七八月間禾黍盡實東皐西疇葱蘢散
漫芃芃蕤蕤極目無際有民社寄者值時年豐置
酒邀賓覩禾黍之盈疇金穗纍纍異畝同頴聽老
農鼓腹謳歌帝力則心豈不樂乎苟七八月之間皐苗
將槁矣或水潦橫流浸及隴畝野生蝗螣暑無禾
苗農夫田婦哭泣相對則其心寧不憂乎其之
樂也舉酒相屬作為詩章歌樂太平勤政慎刑

終如始荷天之休作人父母其心之憂也天災歲
惡人咸乏食食不足則飢餓生焉盜賊出焉且夫
飢餓生則人不聊生矢盜賊出則竟土靡寧矣其
當省躬自責果刑濫有東海孝婦事歟抑政有不
舉者歟抑賄賂請謁行歟敬天之戒改過修省庶
乎可以弭天之災以致年豐穀登兔飢餓盜賊之
事也然則登斯樓者非徒憑高眺遠傾銀素黨鳴
鐘擊鼓列翠鬟羅綺雜管絃之為樂蓋亦樂人之
樂憂人之憂也其水光山色風月佳景特末事耳
付之騷客詩人登遊歷覽一觴一詠以寫情寓懷

豈比夫春景美麗公子俠客賞花踏青雕輪寶馬
携妖姬麗人尋芳逐勝圖一時耳目之娛樂為無
益事耳由是而觀樓之有補於政教多美名之宜
秋不其宜乎客唯而退因召管子命墨卿書之為
記云

端午宴集麗景園詩序 勢至勃騣賓玉體 疑真

永樂六年仲夏五月節臨端午律中蕤賓海宇晏
安沐
聖朝之化烽塵寧息喜遼徼之安群賢以雄藩勝地
美景良辰不有讌遊何以寫興於是藩閫將臣曁

園英俊搢紳之士縫掖之儒濟濟而集于麗景
園矣薰風南來炎暑暫退紅蓮菂裏開玳瑁之筵
翠柳陰中列珍羞之盤黍翠年傾銀作賦
予泪羅之魂伐鼓祀蒼梧之守泛舟擬龍船
競渡於湘江搗髻神符熬赤靈辟兵於朴子蘭湯
艾酒絳綠易河朔之風習荊楚之俗喧譁蒲
座哢語移時振揚文鋒開闢武庫暮春三月羲之
有蘭亭曲水之文序屬九秋王勃有滕王高閣之
記酒闌日暮請效前修灑瀚雲箋搞辭彩筆人意
四韻用記一時之勝遊云耳

寧夏舊八景詩序　　三山陳德武

番易陳宗大好事而嗜詩者也戍邊久將請告南
還散餘貲牧善楮裝潢爲長卷于繪事者圖寧夏
八景纍同志詩于後屬予序之以重行色予曰山
川景物在處有之以人而重金華八詠沈休文倡
之盛山十二詩韋德載繼之虢州二十一詠韓退
之和之後以八景命題則無人無之然不過寫風
雲雪月之清奇禽魚花木之閒麗以淺其得裘家
樂之情也子今袂是而歸將爲金多致恭耶抑爲
㦸栽取侶耶聞子有倚門之親幹蠱之子九弟

朋守望間里予不知子囊中之金乏具其肯食饔
以叙平昔之驩否而於倡與恭奚居之宗大曰貴
富顯揚人孰不欲是有命焉不可幸致也請試觀
斯夏之境內其遠者曰黑水故城近者曰夏臺秋
草當其勢之方張蒸土校錐以圍永固增金索幣
少居強大一時之銕騎健兒歌樓舞樹今皆變為
寒煙鞠為衰草而已亞於水曰黃沙古渡但見風
波浩浩鷗鳶欲墮河檉搖紅葦花飛白昔之車塵
馬跡皆為狐兔之區而輕舟短棹長年三老之屬
已務於高橋楊家渡矣附於臺曰長塔鐘聲惟見

折䕀刲稜倒影在地向之金碧莊嚴幻為瓦礫之場而追蠡鮮紐已徒於咸樓矣鄞之南下春煙霏霏柔緑如染秋風颼颼黄葉誰惜是曰官橋柳色送故迎新離歌別酒攀折無筭吾不知其幾榮枯也郊之西北蒼蒼茫茫如藩屏如堡障盤踞數百里時呈六花以告豐歲是曰賀蘭晴雪此天以表襄山河限固疆圉者也山之東曰良田晚照河之西曰漢渠春水襟帶左右膏腴幾萬頃因昔之功為今之利荷鍾成雲決渠為雨乃吾成士衣食之源所當勤勞之地也蓋庸情勞則思思則善心生

善心生則能守其身而不失際無爭之日為太平之人俯仰今古得不足恃失不為恥耕鑿之餘游戲翰墨吟咏性情以和擊壞得非生愛患行貧賤之謂乎念自豪上應慕籙武功移于斯將彌一所閱金多敝裘存亡者衆矣吾今獲保遺體而歸定省之暇敷斯言於北堂之上足以致吾親之驩兄弟子孫親朋間里亦聚驩焉非為可以取驩亦可以釐教子孫使之服勞思善以守其身廣無員於名教又何彼縱橫者恭倨之足云予作曰子言良是前言戲耳雖然予么耶言輕不足為子重將

道中華觀望之邦抵西江文章之與遇有退之德載休文革八出以取正更求其大手筆以發揮之俾塞上之景當與虢州盛山金華並傳于世以流于後還成又足以起于之陋以成子好事者詩之名不亦題歟宗大曰然遂僭書于圖左

夏城城隍神應夢記

宣德壬子春予以攝養乖方致痾疾復作氣填膺臆痛楚異常服藥問醫涉旬弗痊三月十有七日丙子命奉祠馬良禱祭於夏城城隍之神牢體豐潔醑之以樂是夜二鼓夢一介胄佩劍者趨進曰

臣職司衛門者有貴客來謁敢出予聞之冠袍以
俟少焉一偉丈夫幘頭緋衣腰金秉笏而進貌甚
恭肅賓主禮畢謂予曰僕夏城之城隍神也感君
之惠故來謝耳予因問予之疾苦歷年既久發勳
無時今者痛楚異常醫藥罔效豈大限將至耶幸
為告我神曰不至於是但君之疾禍養罪方所致
耳不旬日當愈願勿以為憂也予又問公死生時
為何代人姓字為誰其悉以告我我當為公作文
以示諸人俾得以知公之明靈有如是也神曰君
但知為生時有功於國家德及於民者可矣何用

姓字為且幽明道殊不須問也夫人生兩間居中
土為男子出仕於朝當效忠節於君居家則思盡
孝於親慶昆季之間當以友恭於夫婦則當和順
敬待如賓待交朋當以誠信接下人當以仁恕不
欺暗室無愧俯仰生為善人故死之日冥司舉錄
簡在帝心命之為神各有所司以福佑下民也君
豈不聞晉宣城內史桓彝死蘇峻之難上帝以其
忠節可嘉命之為宣城城隍至唐開元間有死而
復生者尚見其為城隍神斯豈妄乎予又問人生
世間陰府所紀錄者何罪為大曰莫大於不忠不

孝次者莫重於殺生大上以好生為德凡居官者
處事之際或有所惡因之發怒或受財聽囑害及
無辜富豪之家罔知節儉奢侈是於或荒於漁獵
或耽於酒色筵宴之間誇大歡食惟知適口水陸
備陳我害物命邪媱之大者小人以小惡為
無傷纖惡隱匿以為人莫我知肆意而為殊不知
明明在上照臨毫赫巨細莫隱一旦罪惡貫盈
則受王誅陰則被鬼錄報應之速有若影響罔有
差忒今之居官者貪饕無厭惟財利是求於國家
錢穀侵剋盜隱數盈鉅萬剝削下民賣官鬻獄隨

辭公行為商者乘時射利賕已欺人貿遷有無
錐刃之末為賊盜者穿窬踰垣恣恣為寇攘劫奪行
旅戕命圖財自以為得計可以潤家肥身為子孫
千百年家業之計久而人怨神怒神怒俾之敗露時或
身亡家業陵替禍及子孫此亦神之報也易曰邑
神害盈而福謙古語曰斟滿人概之人滿神概之
自然之理也君何疑焉因辭而退予亦夢覺憶神
左傳所謂聰明正直而一者也今夏城之城隍神
能入夢告于人以人之罪福所致俾世人知所趨避
于以見神道之不誣城隍神之聰明正直言報應

之理有如是昭昭者可不慎歟周禮六夢之占昔
鄭人之夢伯有此因懼而夢也予疇昔之夢非由
思慮所致也其正夢乎因筆記之以示諸人是月
廿日己卯凝真子書

題詠

老將行
　　　　　唐王摩詰

少年十五二十時步行奪取胡馬騎射殺陰山白
額虎肯數鄴下黃鬚兒一身轉戰三千里一劍曾
當百萬師漢兵奮迅如霹靂虜騎崩騰畏蒺藜衛
青不敗由天幸李廣無功緣數奇自從棄置便衰

朽世事蹉跎白首昔時飛箭興全月今日磋楊
左右肘路傍時賣故侯瓜門前學種先生柳莊莊
古木連窮巷寒山對虛牖蒼令疎勤出飛泉
不似穎川空使酒賀蘭山下陣如雲羽檄交馳日
夕聞都使三河募年少詔書五道出將軍試拂鐵
表如靈色聊持寶劍動星文願得燕弓射天將耻
令越甲鳴吳軍莫嫌舊日雲中守猶堪一戰樹功
勳

送李騎曹之靈武寧侍　　唐郎士元

一歲一歸寧塞天數騎行河來富塞曲山遠興沙

京城

送太常大夫加散騎常侍赴朔方　唐皇甫冉

平綏獵旗風卷聽笳帳月生新鴻引寒色四日滿
故壘煙塵促新軍河塞間金貂寵漢將玉節度蕭
關散漫沙中雪依俙漠口山人知寶車騎計日勤

銘還

和裴舍人觀田尚書出獵　唐楊巨源

聖代司空比王清雄藩觀獵見皇情雲禽已覺高
無蓋霸兔應知狡窠成飛鞚橫塵寒草盡擘弓開

月朔風生今朝始賀將軍貴紫禁詩人看旆旌

送鄒明府遊靈武　　　　唐賈島

曾宰西畿縣三年馬不肥債多憑劍與官滿載書歸邊雪藏行逕林風透卧衣靈州聽曉角客館未開扉

送李騎曹靈州歸覲　　　唐張籍

翩翩出上京幾日到邊城漸覺風沙處還將弓箭行席箕侵路暗野馬見人驚軍府知歸慶應教數

騎迎

送靈州田尚書　　　　　唐薛逢

陰風獵獵滿旗竿白草颾颾劒戟攢九姓羌渾隨
漢節六州蕃落後戎鞍霜中入塞鵰弓硬月下翻
營玉帳寒今日路傍誰不指穰苴門戶慣登壇

　　　　　　　　　　　　　　唐 韋蟾

送盧藩尚書之靈武

賀蘭山下果園成塞北江南舊有名水木萬家朱
戶鎖芙蓉十里騎鐵衣明心源落落堪為將膽氣
堂堂合用兵却使六蕃諸子弟馬前不信是書生

　　　　　　　　　　　　　　宋 張舜民

西征

靈州城下千株栁總被官軍斫作薪他日玉關歸
去路將何攀折贈行人

青銅峽裏帚州路十去從軍九不回白骨似沙沙
似雪憑君莫上望鄉臺

題楊得章監憲賀蘭山圖　元貢泰父

太陰為峯雪為瀑萬里西來一方玉使君坐對賀
蘭圖不數江南衆山綠

西夏八景圖詩序　凝真

洪武戊寅冬予自帚州来寧夏道路凡三百餘里
歷觀經涉之所因山川之勝縈思所以賦之詩而
未得暇及後欲經營新宅遂登高眺遠披閱地圖
若黃河之襟帶東南賀蘭之蹲踞西北天開地設

雄鎮潛鐵亦可謂殊方之勝地矣徘徊久駐慨然
興懷不覺落日之西沉寒風之襲衣追思往昔有
動於詩情因古有八景詠題又重而刪修之日賀
蘭晴雪漢渠春漲月湖夕照黃沙古渡靈武秋風
黑水故城官橋柳色梵剎鐘聲隨題而賦之詩以
見風景之佳形勝之勢觀游之美無異於中土也
　賀蘭晴雪
巍巍高聳鎮西陲勢壓群山培塿積雪日烘巖
宂瑩曉雲晴駐岫峯奇喬松風偃蟠龍曲怪石冰
消卧虎危屼若金城天塹險雄藩萬載壯邦畿

漢渠春漲

河浩浩來天際，別絡分流號漢渠，萬頃膏田憑灌溉，千家禾黍足耕鋤，三春雪水桃花泛，二月和風柳眼舒，追憶前人疏鑿後，于今利澤福吾居。

月湖夕照

萬頃清波映夕陽，晚風驟漾晴光噴煙低接漁村，近遠水高連碧漢，長雨忘機鷗戲浴雙雙照水鷺游翔，北來南客添鄉思，彷彿江南水國鄉。

黃沙古渡

黃沙漠漠浩無垠，古渡年來客問津，萬里邊夷朝

帶闕一方冠蓋接咸秦風生灘渚波光淼雨過汀洲

草色新西望河源天際闊濁流袞袞自崑崙

靈武秋風

翠輦曾經此地過時移世變奈愁何秋風古道間

笳鼓落日荒郊牧馬駞遠近軍屯成壘模糊碑

刻繞煙蘿興亡千古只如此不必登臨感慨多

黑水故城

日落荒郊蔓草寒遺城猶在對殘陽秋風百雉聲

苔碧夜月重關玉露涼枯木有巢樓畔雀斷碑

篆卧頹牆遠城黑水西流去不管興亡事短長

官橋柳色

橋北橋南千百樹綠煙金穗映清流青闔煙眼裏
人過翠染柔絲帶雨稠沒幸章臺戚別恨有情漏
岸管離愁塞垣多少思歸客留着長條贈遠遊

梵刹鐘聲

艦稜殿宇聲晴空香火精嚴祀大雄疊吼法筵聞
楚唄鈴鳴古塔振天風月明丈室僧禪定靄冷
樓夜漏終忽聽鐘聲來枕上驚迴塵夢思無窮

麗景園八詠

鶴汀夜月　　　　　　　　静明

高人無寐坐深更可愛淒清皓月明寥唳一聲空

廊外恍如儂約赴蓮瀛

鳧渚秋風

鳧鷥南向度洪河幾遜清秋澈艷波又向渚晴沙

白鷺暫時舒翼賞心多

桃蹊曉日

大造無私發育齊萬花開處日遲遲遊人只為尋

芳去苔蘚斑斕已作蹊

杏塢朝霞

扶桑雲散日瞳朧一片紅霞漾曉風有景莫教虛

度却人生憂樂古難同

蓮塘清露

花開紅日晝清波其奈吟懷對此何零露下天
過慮渾如淚濕醉顏酡

璧沼煖波

鑑水如環映彩霞分明呈出一層花韶光淑氣相
逐日戲綠金鱗兩兩斜

積翠浮光

水光如鏡栁沿堤天色蒼蒼隱映低不是萬花張
綉幙波浪應與老穹齊

晴虹弄影

遥天湛湛一長虹宛似斑龍飲水中好景不嫌多
點染無端增却醉顏紅

金波湖樟歌十首

冉冉芙蕖映翠荷隨風翻覆動金波雲妝一夜好
明月載酒扁舟聽浩歌
景光疑似豹流東汨汨靈源觸慶通一葉飄摇任
来往莊淡塵世樂誰同
一曲清歌酒未闌遊魚飛鷺足人青予聞樂者爲
之樂可句關中適意歟

欸欸歌聲在蘆葦吹笛解牽半醉倚墨霑
宮錦應學前賢寓練裙
此湖風景入春饒幾樹浮嵐動畫橈欸乃一聲人
已醉乾坤清氣夜寥寥
平湖如鏡冷涵天秀出芬芳萬朶蓮宿鷺驚飛無
別事小舟又過小汀前
特地浮舟納晚凉水光還與月爭光採蓮人在玻
瓈界兩袂芙蕖冉冉香
畫舫搖向藕花西一片歌聲和齊黃鳥也知人
意樂時時來向柳間啼

點一點蜻蜓貼水飛錦鱗兩相依忽從撥刺聲
中去一風濕生綃五月衣
湖湛湛照人清夜響時常侵月明徹曉移舟看
不盡一聲聲是採蓮聲
賀蘭晴雪 三山陳德武
六花飛罷淨塵埃貴富家翁做意慳滿眼俱知銀
世界舉頭都是玉江山嚴凝藉雪風威裏眩耀爭
光日色間獨有詩人憐短景賀蘭容易又青還
月湖夕照
百頃平湖月影圓光涵倒影漱黃昏天邊鳧兔

相望水虞魚龍不敢吞近見釣耕方輟業遠看牧已歸村老夫願覩昇平景野處人家不閉門

官橋柳色

邊城寨苦惜春遲三月方看柳展眉金搭畫欄黃尚淺綠籠沆水綠初霑染增新色緣煙雨折減長條為別離可幸嬌鶯飛不到等閒烏鵲鬧爭枝

梵刹鐘聲

詔提新景鎖雲煙寶塔初修出半天誰扣鯨音號百八聲傳世界盡三千分明雲卧晨欹枕恍惚楓橋夜泊船獨有胡僧渾不省氊裘擁耳但高眠

漢渠春漲

崑崙雪化走瀺㴼九曲溶溶入漢渠堤長漲痕過
塞兩壤分公利得河魚匹夫不奪耕耘際萬頃皆
沾潤澤餘囊底春秋無用筆不妨常報有年書

靈武秋風

靈武涼厭却暑氛試披輿地考遺文渠派自漢初
開郡草次經唐進撫軍陳迹事功隨落葉
明時禾黍儼黃雲客懷感此緘離思恰遇南歸鴈一
群

黑水故城

一灣黑水尚瀁東陽有頹垣草莽中不務養人歸
市德徒勞蒸土校錐功寬骸白露泥中雨燐火青

黃沙古渡

吹月下風顧彼亡胡何足惜可憐司馬沒英雄

天塹西來禹跡陳高橋北下是通津造成蕩蕩搖
搖棹渡盡忙忙汲汲人雪浪休風明似練氷梁映
日淨如銀賀蘭設險金城固護此湯池壯塞濱

舊西夏八景

夏宮秋草　　　　　　　　　金陵玉遜

壞宮秋草滿猶說李王朝駕瓦埋兵碎龍埠沒火

焦霜摧晨慘慘雨腐夜迢迢知有英雄在為螢弔

寂寥

漢渠春水

崑崙萬古雪作水注黃河大漢為渠又中原決慶
多瞻天慳夏雨謫成賴春波歲歲豐廩粟宜聞擊
壤歌

賀蘭晴雪

雪積賀蘭火寒於霽景嚴三冬爭皎皎六月息炎
炎天不空桑異人如地首瞻可堪頭白者留滯悵

窮簷

良田曉照

斜日照良田關心匪少年總育離卷永又歎薄虞泉人老餘光隙牛耕寸畷邊似傷鞹佃意欲沒更

留邊

長塔鐘聲

鳴鐘長城寺不覺昔年僧聲叙三千界音銷十二層歷基隻塚在踪跡牧見證有待性嚴日照常驗

智興

官橋柳色

官橋千樹柳一路照征袍色可黄金比綠非綠陶

繰春容知不愧客意歡徒勞送別青青眼何時見

我曹

黑水故城

築城當黑水想像赫連時用力疲蒸土勞心校入

雖一朝歸華轂千載狐狸斗絕誰過此惟增謫

戍悲

黃沙古渡

神河疏九曲古渡限黃沙桴檥橫波急人臨兩岸

嗟弄兵胡恃險柘地漢為家水出金鮎鉏充庖味

獨佳

西夏重陽　　　　　金陵王遜

作縣幾時同志昔投荒萬里倍情真功名炊黍尋
常夢怪事書空感激人擊柝徒吟胡地月屯田也
食漢渠春鞭難薄俗猶多事漂泊南冠愧此身

喜見賀蘭山　　　　金陵王遜

賀蘭河外起崢嶸一見令人自有情昔出邊城曾
與別今歸謫戍若相迎白雲萬丈長飛練碧樹千
行密擁旌慚愧山靈多古意老來嚴戶足偷生

題賀蘭行色圖送人歸浙東　　關中黃朝弼

人在茅廬傍賀蘭

綸音日下賜南還尊思吳越秋何早征過江淮夜且
閒樹老青松寒歲志花開紅杏暮春顏料君回首
相思意又說興州是故山

塞北春遲　　　　　　　　　閩中黃朝弼

塞北迢迢天一涯每憐衰鬢望韶華千年陰壑永
還凍三月陽坡草始芽對潯宜堅松栢操趨時未
許杏桃花春情正在遲遲處堪笑人將羯鼓過
戊戌歲金坡湖合歡蓮　　　　　　凝真

聖澤周流遍八埏寫邊喜見合歡蓮同根一柄凌波

出共蒂雙頭照水妍二女並肩遊漢月雨喬低首
讀書年不憇才拙詩成後擬繼唐人短李篇

登常州城北擁翠亭 紀真

天際風雲起山樹結夕陰園林舍暝色笳管動哀
音邊報軍書急南來鴈信沉病懷與秋思慘慘苦
難禁

遊高臺寺庄經辛卯戰場王驢騎陣歿處感
傷而作 疑真

辛卯年間憶戰場重過此地景悲凉水邊折戟侵
苔色風裏驚塵慘日光芳草有情空悵望遺骸報

恨吳哀傷英魂泉下如相慰一曲哀歌酹一觴

夏日遊麗景園　　　　　凝真

仲夏名園棗有興花下行鳴鵁頻喚雨布穀苦催
耕麥浪因風起戎葵向日明病懷方寂寞聊慰此
時情

夜宿鴛鴦湖聞鷹聲作　　凝真

月朗星稀夜景清水寒沙冷若為生喤喤似說南
歸意感我窮邊久住情

擬古邊城春思

東風起邊城堤柳葉盡吐尤憐塞下見鄉心此時
凝真

寧夏新建社稷山川壇　　凝真

藩守河西巳二年群神祀禮未能全驛書近
命脩壇堧使者先行飭豆籩版築始成新社稷金湯
還是舊山川春祈秋報恩歆格佑我邊人降福綿

永樂二年春祭社稷山川禮成後作　　凝真

受

命分茅土萬里藩西疆肅州夏州咚咚移徙不少康封
內群山川八載祀典荒社稷祈報禮非余獨敢志

但為移徙中以致久不逮永樂當二年
尊兄今天王大明御寰宇貢展理乾綱念茲群神祀
春秋事有常禮固不可闕
勅命築壇場脩舉文廢禮為民祈福祥仲春擇吉日
二祀思神饗禮樂既薰備肥腯菓猪羊諸公陪祀
者珮玉聲鏘鏘燈火明煌煌載拜望景光三獻禮
初陳牲體列馨香祀神冀來格非徒歌樂章舁息
俯伏待如餼氣洋洋所願風雨特秋牧足千倉
予方幼年才薄德又涼自慙忝王爵享有此一方
受胙飲福酒不肖豈敢當尚賴諸賢哲事專為贊

袤昧爽行禮畢享胙飲公堂珍羞具前列百味羅
芬芳大事在祀戎豈可令德奚善惡二途間降各
有禍碤飲罷為三思戰慄後恐惶

秋日登樓　　　　　　凝真

乾坤牢落此生浮愴懷幽懷護倚樓衰草斜陽關
塞遠殘山剩水古今愁千林木葉經霜日萬里風
煙滿目秋田望長安在何許鴈聲過處暮雲稠

題雲松軒　　　　　　廬陵王宣

天涯遊子文思鄉軒扁雲松寓意長身處龍沙情
易感心懷淞水夢難志八德明敞來風月四座清

新樂詠鶴旦夕畫圖看咫尺儼然形勝慰邊方

塞垣送別　　　　　　　山陰錢遜

洛陽才子天機精繪事早年先得名岬嵘頭角在
宵臆落筆瀾堂風雨驚咋夜龍池飛霹靂馮夷求
朝海水立移不南山百丈湫儵見蜿蜒出東壁有
時一掃連六鰲龍水族起舞翻波濤李白騎鯨上天
去却乘赤鯉追琴高禹門三月桃花水鼓長風楊馨
竸飛起不似尋常鱜鮋俯首甘為暴腮死華端
造化信有神洞微自是君前身老蛟化作白眉叟
夜恆青藜求寫真劉即劉卽畫奇絕今日河梁惜

酤취酒酣重為歌嗚嗚翻作陽關弟三壘

送人歸葬　　　　　澧蘭張政

塞垣廿載鬢成霜今日何如促去蒙慈母孤墳留
禹穴孝心一念拊錢塘關山跋涉愁千斛松梓攀
號淚幾行歸到故園襄事畢還來尊酒話行藏

常州八景　　　　　平灤劉昉

疊山疊翠

疊山兩洗高岧嶬群峯疊翠攢青螺我來信馬上
山去馬上觀看頗嗞哦平生愛此嘉山水愛山不
得住山裏到家移入畫軸中掛向茅堂對書几

西嶺秋容

帚州之西多峻嶺邊方亦有仙佛境風送路傍花
草香雲橫野外山川景山色秋來最可觀夕陽迥
照尤宜脊迴家欲學王摩詰淡墨塗抹圖屏間

白塔晨煙

白塔去州六十里清晨長視炊煙起太平久不見
烽煙客行道路如流水方今大一統華夷昔人還
宿舊招提會有居止人烟贖雞鳴犬吹聞邊陲

峩山疊翠

　　　　　　　　　　　　廬陵穰穆

秀巇晴空萬疊多星辰常恐勢凌摩雲生秋碧瀝

眉黛雨洗春容點翠蠹函烏闕花屏畫裏曚籐孤
木石巖阿足憑藩府為天柱東接長安西帶河
　東湖春漲
百頃湖開水既瀦更添新瀼景偏殊濤歸岸口烟
蕪沒浪拍磯頭鈎艇孤急雨鳴蘆來乘鴈顛風欲
梛起群息斜陽樓櫓登臨父照影身疑在畫圖
　石關積雪
石關坦道接長安常被三冬積雪漫陰壑光紆銀
萬頃高崖色凛玉千攢驅車自信梁園樂徒步咸
嗟蜀道難今日邊城多雅趣好將此景畫圖看

丙戌重九 姑蘇唐鑑

強整烏紗只自羞此身漂落嘆邊州誠對白酒瓮
閒悶倦對黃花憶舊游塞鴈一聲天地肅嶺雲千
點古今愁還家不負登臨約咲把茱萸插滿頭

憶先塋 姑蘇唐鑑

遠謫河西閱歲華夢魂無夕不思家傷心一片
灣月曾照枕把幾度花

秋感 姑蘇唐鑑

養素存吾拙經時不下堂坐觀人事改似與俗情
忘葉落知秋咸蛩吟覺夜長此身煉是寄何必問

他鄉雲中訪陳韻翁　　　　　嘉禾林季芳

踏雪衝寒訪韻翁茅庵深住漢渠東客邊扶病恩
難志

關下觀光話不窮米飯漫炊雲子粒菜羮同煮水晶
蔥安居飽食身無恙知念由天樂歲豐

漫興　　　　　　　　　　　嘉禾林季芳

水光山色滿沙洲舉目關河一古丘玉露凋成紅
葉景金風吹老碧梧秋雲橫鴈陣書難寄日落猿
聲喚易沉廿載邊隅羇倦客成衣添却去年愁

寧夏

河間張子英

邊城突屼烽雲霞畫戟門開武士家河水東流蒼
海窟賀蘭西上碧天涯遍地花草嘶殘駿風捲旌
旗徹暮鴉今喜太平無事日漢渠引水種桑麻

寄黃紀善李典簿
壽春李幹

謫戍交趾二十年殊方老我獨顔連鷹揚塞北群
公貴鴉薦河西國主賢麾毫遠將煩驛使情辭持

寄柱題戚慕雲春樹關山隔歲與相思倍愴然
攜李朱逢吉

寄王恐厓

長葛初除又賀蘭徤容蕃國入仙班官清客衆

如水頭白

君恩重若山符寶進對天上立肅賓臨歸日西還別
來望斷江雲暮寫附詩簡驛樹閒

　　瀆韻雙栮　　　　　清漳顏光福

何物寶廷助雅談邊城今喜見霜栮玉門賜及恩
榮厚臣職圖惟補報堪色絢雕盤紅似染香生玉
頗味囲卉豈惟吟詠誇雙美風景令人憶楚南

　　家湖春漲

為愛波光不染塵今朝泛漲水痕新多因城外千
山雨水作湖中二月春拂水靁楊蔵白鷺牽風翠

荇躍金鱗偶乘車騎開登眺雲影天光更可人

蘆溝夜月

壁月初升雲霧收帝城西望是蘆溝桂花散彩行
人寂蘆葉移陰淺水流大地風光明似晝九天清
露冷如秋願言此景長相遇何事西園秉燭遊

帝城春曉　　姑蘇朱復吉

春到帝州景物新太平政教慰邊民野花萬朶如
開錦林鳥一聲似喚人貧郭河山明有色倚雲宮
闕淨無塵微臣幸際文明治得過書齋聽講論

送人囬西京

四月河西麥始芽南風楊柳尚飛花天邊碧草邊
城遠地捲黃埃客路賒十日晨昏歡未足一時離
別恨無涯送君不若留君住父子怡怡共一家

西嶺秋容　　　　　　　　　金臺張彜

秋來西嶺可追歡百卉將凋眼界寬霜壓蒼黃千
樹葉雨淋紫翠萬峯巒鶴飡碧澗松花露鴈度金
花朔漠寒閒眺不勝詩思爽夜歸明月上欄干

東湖春漲

湖光浩浩鏡新磨交得賜春景便多雨漲荷花張
翠蓋風來楊柳蘸清波錦鱗漫戲逐萍轉畫艇輕

喜雨　　　　　　　　　　　閩中黃朝弼

塞地三春點雨無，天瓢昨夜盡沾濡，固知新茁方
成遂，不料枯荄也復蘇，沴氣災消民物阜，豐年兆
見子孫娛，良田萬頃蒙膏澤，更願因風遍九區。

應教端午麗景園宴集

端陽行樂塞城東，藩國名園景富雄，胡地舊時非
所有，楚人遺俗豈能同，綺筵列宴鼉楊下，畫舫浮

初到寧夏　　　　　　　　　　野江李守中

搖因漩渦莫道西湖天下寬，願安此土髮成鰭
游碧沼中，杏塢桃蹊繞樓閣，眼前詩思浩無窮。

黃河一曲抱孤城九月天寒水欲冰紫塞風沙時
陣陣黑山霜雪曉層層霓裳北散天魔女霞毯西
來寶葴僧却憶江南秋半老橙黃橘綠氣和平
　　從獵賀蘭山宿拜寺口
幾年羈寓古興州今日欣從校獵遊山勢盤旋天
外盡泉聲鳴咽耳邊流丹崖翠壁依依見野寺蒼
岩慶倖好似江南廬岳上禪僧千百自春秋
　　初到寧夏覩賀蘭山有感　　九江孫惠
賀蘭天作鎮三邊保障中華豈偶然流水翻成巫
峽險峻岡高與碧霄連招延演教存遺跡仙侶道

遙遠市廛四海一家歸

聖主江南塞北總山川

廣韻雙栴 　　　　　　秦鄩郭原

擬真齋所聽高談內使筠籠命賜栴

亦可如蒙授簡賦題堪黃金鑄顆籔雙礙白玉為

漿味獨甘昔塞上承恩誰與並先生應不憶江南

重九

不隨鴻雁向南飛九日歸期又竟違堪悲野賀蘭山

色老夢恩社蟹螯肥菊霜何處開黃菊無酒難

人送白衣欲挿茱萸憐短髮也曾前帽落斜暉

送張四

西來主國住經秋，忽得家書難久留，觀罷即思歸
飲藥君恩已許歸，登朝風霜驛路優，晨餐錦繡
皇都指日遊，想見承顏問西夏，首言魚稻似南州

春日蠡山　　　　　　河陽劉中

巍巍巨鎮立乾方，時值方春日在陽，萬彙盡蒙新
雨露，群生咸遂舊榮光，高峯崒嵂雄疆場，喬木嵯
峨備棟梁，控帶洪河成保障，萬年藩屏固金湯

題歸厚堂　　　　　　四明陳叔昂

養生送死人子事，孝行古今無二致，白生有母喪

邊鴻千里奉柩承父意誰憐此行心更悲歲晚闢
山函骨歸一身終抱百年憾寸草那報三春暉長
安卜塋先壠側松柏森森親手植何必更求孝義
章視取君家歸厚堂

贈別　　　　　　　　臨安毛翀

塞垣送別祭先塋春暖東風趣去程華梛賀蘭秀
雨露松楸橋梓祭清明尋幽塔寺齋鐘靜訪舊星
湖客樟輕如見茅冠劉郡守為言流落在邊城

嘉瓜瑞麥　　　　　　錢塘阮彧

聖主龍飛日車書混萬方殊風皆慕義重譯盡來王

運泰文明見時亨廢物昌軍屯瓜效管海國麥呈
祥造化神功著乾坤大德彰兩岐趨羨漢並帶鄒
誇唐妙合天倫厚和同國祚長雍熙臻至冶勤儉
致平康歌詠傳遐域詩聲播遍疆山河盟帶礪社
稷壯金湯豈止人稱善端期史贊良畫圖留萬古
簡冊有輝光

長至日雪霽　僧義金

雪晴冬至日朝陽大地山河煥景光王府永尊三
教典法輪常轉一爐香浮圖梵剎增洪福道籙仙
宮輔善祥白髮衲僧無以祝賀蘭山與壽同長

将至寧夏望見賀蘭山　　金少保學士幼孜

四馬何時出

帝闕令晨初見賀蘭山風沙近塞居人少阡陌連雲

邁卒閒白海堆鹽封磧外黃河引水溉田間邊城

樓堵全無警聖德于今徧百蠻

至寧夏

駟騎初秋別

帝京使旌今喜至邊城衣冠盡向花前合車馬還從

柳外迎藩府感

恩心倍切

朝廷冊命禮非輕極知白首蒙
恩遇謬忝皇華愧老成

九日宴麗景園

偶客夏臺逢九日賢王促召宴名園柳間雜還來
鞍馬花裏追陪倒酒尊白露瀲池荷葉净凉颸入
樹鳥聲繁綺筵賓悉真佳會傾倒何妨語笑喧

出郊觀獵至賀蘭山

賀蘭之山五百里極目長空高揷天斷峰逸邐煙
雲闊古塞微茫紫翠連野曠旌旗明曉日風高鷹
隼下長川昔年偕儷俱塵土猶有荒阡在目前

詞

念奴嬌 雪霽夜月中登樓望賀蘭忽作　凝真

登樓眺遠見賀蘭萬仞雪峯如畫瀑布風前千尺
影疑瀉銀河一泒獨倚危欄神遊無際天地猶嫌
隘瓊臺玉宇跨鸞思迈仙界
融詩興筆掃千軍快下視紅塵人海混脫飛不能
長嘯對月清光飲餘流瀣氣逼人清煞玉笙吹徹
此時情意誰解

浪淘沙秋　凝真

塞下景龍涼淡薄秋光金風漸漸透衣裳讀罷安

仁秋興賦悵悵悲傷

邊鴻又南翔借問夏城戍客是否思鄉

青杏兒 秋　　　　　疑真

午枕夢初殘高樓上獨憑闌干清商應律金風至

砧聲斷續茄音幽怨鴈陣驚寒　景物不堪着眼

眸處愁有千般秋光淡薄人情似超超野水茫茫

衰草隱隱青山

長相思 秋眺　　　疑真

水悠悠路悠悠隱隱遙山天盡頭關河又阻脩○

古興州古靈州白草黃雲都是愁勸君休倚樓

風流子 秋日書懷 疑真

橫頭思往事猶如夢迴首總堪傷想童丱山東臂
鷹走馬弱齡河外開國封王老來也一身成痼疾
雙鬢點清霜且在舊遊塞邊久住憶朝
隱野煙漠漠風景淒凉惆悵悶懷無語獨對斜陽
翔天際暮雲凝碧衰草添黃更秋容淡薄遙山隱
京輦愁在氈鄉倚闌疑眸慶園林正搖落鴈陣南

春雲怨 與吳諶謙時客塞下 疑真

龍沙三月尚不見桃杏紅芳顏色鎮日惡風頻起
柳困欲眠眠不得夕照啣山暮雲橫嶺憔悴江南

倦遊客鄉國他年關河今日到此欲愁絕可憐
孤負佳時節正清明禁火幽懷縈結怕聽胡笳韻
悲咽古道紅塵旅館青烟酒旗高揭一曲詞賦九
迴腸斷矯首賀蘭巖巘

搗練子 凝真

風陣陣雨瀟瀟五月猶如十月寒塞上從來偏節
令倦遊南客憶鄉關

鷓鴣天 疑真

天闊雲低散玉花茫茫四野少人家嚴寒凜凜侵
肌骨貂帽隨風一任斜 沙似雪雲如沙護樹綠

行香子　凝真

醉聽琵琶瓊樓玉宇今何在天上人間道路賒

五十之年華髮盈顛得平安感謝蒼天無憂無慮
即是神仙有數廚書萬鐘祿萬丘田　光陰似箭
冬冷春暄儘今生所事隨緣從他汗簡芳臭流傳
但飢時飯渴時飲困時眠

朝中措　憶亳州擁翠亭　凝真

擁亭高在古城端擁翠萬山環四面軒窗高敞闊
河千里看　珠簾畫棟金鋪文楹奐問平安記
得當年雨霽常時坐對西山

臨江仙 避書齋州行有日漢書為扁題　凝真

塞上水霜三十載新來華髮盡頹顏舊城風景自堪憐螺峯初雪霽月樹淡籠煙

綠楊芳草依然黃鸝蝶蹩杏花天丙辰初日出南

想得靈州城下路

上渡頭船

漁家傲 秋思　宋范希文

塞下秋來風景異衡陽雁去無留意四面邊聲連

角起千嶂裏長煙落日孤城閉濁酒一盃家萬

里燕然未勒歸無計羌管悠悠霜滿地人不寐將

軍白髮征夫淚

木蘭花慢 悲秋

三山陳德武

問蘭臺宋玉為何事到秋悲想露重金莖風凋玉樹霜脆瓊枝春生許多佳麗都將顦顇變華姿潘岳鬢添雲雪沈郎瘦減腰肢 浮生最苦是生離此際有誰知見鴈過隨陽燕歸故國虫促鳴機況當苦寒沙塞人情物理可相推便道心腸鐵石也

咸淳陂池

菩薩蠻 歸思

涼風淅淅涼雲濕羈懷何事歸思急秋氣入單衣偏增久客悲 賀蘭三百里尺隔黃河水何日是

歸程中秋正月明

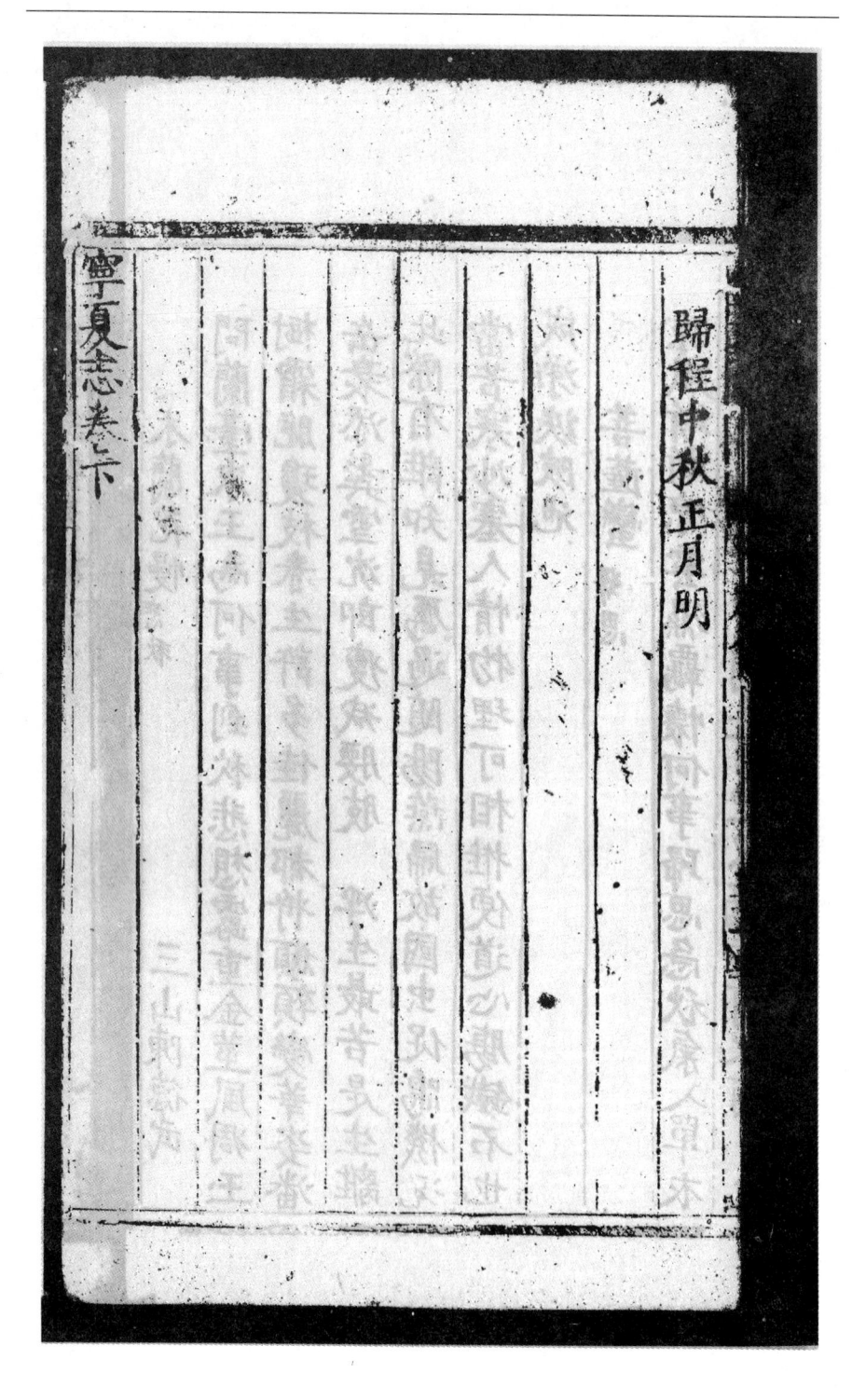

參考文獻

一　古代文獻

（一）陝甘寧舊志

《寧夏志》：（明）朱㮵撰，日本國立國會圖書館藏明萬曆二十九年（1601）重刻本；寧夏人民出版社1996年版吳忠禮箋證本。

《弘治寧夏新志》：（明）胡汝礪撰，《天一閣藏明代方志選刊續編》影印明朝弘治刻本，上海書店1990年版；寧夏人民出版社2010年版范宗興整理本；中國社會科學出版社2015年版胡玉冰、曹陽校注本。簡稱《弘治寧志》。

《嘉靖寧夏新志》：（明）管律等修，《天一閣藏明代方志選刊》影印明嘉靖刻本，上海古籍書店1961年版；寧夏人民出版社1982年版陳明猷校勘本；中國社會科學出版社2015年版邵敏校注本。簡稱《嘉靖寧志》。

《萬曆朔方新志》：（明）楊壽編，《故宮珍本叢刊》影印明萬曆刻本，海南出版社2001年版；中國社會科學出版社2015年版胡玉冰校注本。簡稱《朔方新志》。

《銀川小志》：（清）汪繹辰纂，南京圖書館藏乾隆二十年（1755）稿本；寧夏人民出版社2000年版張鍾和、許懷然整理本；中國社會科學出版社2015年版柳玉宏校注本。

《寧夏府志》：中國國家圖書館藏乾隆四十五年（1780）刻本；寧夏人民出版社1992年版陳明猷整理本；中國社會科學出版社2015年版胡玉冰、韓超校注本。

《長安志》：（宋）宋敏求撰，《叢書集成初編》本，中華書局1985年版。

（二）經部

《尚書正義》：（漢）孔安國傳，（唐）孔穎達等正義，北京大學出版社2000年版。

《毛詩正義》：（漢）鄭玄箋，（唐）孔穎達等正義，北京大學出版社2000年版。

《周禮注疏》：（漢）鄭玄注，（唐）賈公彥疏，北京大學出版社2000年版。

《禮記正義》：（漢）鄭玄注，（唐）孔穎達等正義，北京大學出版社2000年版。

《春秋左傳正義》：（晉）杜預注，（唐）孔穎達等正義，北京大學出版社2000年版。

《孝經注疏》：（唐）玄宗注，（宋）邢昺疏，北京大學出版社2000年版。

《孟子注疏》：（漢）趙岐注，（宋）孫奭疏，北京大學出版社2000年版。

《大學·中庸·論語》：（宋）朱熹注，上海古籍出版社1987年版。

《說文解字》：（漢）許慎撰，（宋）徐鉉校定，中華書局2004年版。

（三）史部

《史記》：（漢）司馬遷撰，中華書局1959年版。

《後漢書》：（南朝宋）范曄撰，中華書局1965年版。

《魏書》：（北齊）魏收撰，中華書局1974年版。

《晉書》：（唐）房玄齡等撰，中華書局1974年版。

《舊唐書》：（後晉）劉昫等撰，中華書局1975年版。

《新唐書》：（宋）歐陽修、宋祁撰，中華書局1975年版。

《新五代史》：（宋）歐陽修撰，徐無黨注，中華書局1974年版。

《宋史》：（元）脫脫等撰，中華書局1977年版。

《遼史》：（元）脫脫等撰，中華書局1974年版。

《金史》：（元）脫脫等撰，中華書局1975年版。

《元史》：（明）宋濂等撰，中華書局1976年版。

《明史》：（清）張廷玉等撰，中華書局1974年版。

《資治通鑑》：（宋）司馬光編著，中華書局1956年版。

《稽古錄》：（宋）司馬光撰，吉書時點校，北京師範大學出版社1988年版。

《續資治通鑒長編》：（宋）李燾撰，中華書局 2004 年第 2 版；影印文淵閣《四庫全書》本，（臺北）商務印書館 1986 年版。簡稱《長編》。

《九朝編年備要》：（宋）陳均撰，影印文淵閣《四庫全書》本，（臺北）商務印書館 1986 年版。

《宋史全文續資治通鑒》：（元）撰者不詳，趙鐵寒主編《宋史資料萃編》第二輯，（臺北）文海出版社 1969 年版。簡稱《宋史全文》。

《太宗皇帝實錄》：（宋）錢若水等撰，《四部叢刊三編》影印宋館閣鈔本配舊鈔本，商務印書館 1936 年版。

《明實錄》：臺灣中研院歷史語言研究所校印，1962 年版。

《清實錄》：中華書局 1985 年版。

《隆平集》：（宋）曾鞏撰，［美］哈佛大學燕京圖書館藏萬曆二十六年（1598）刻本、康熙四十年（1701）刻本；影印文淵閣《四庫全書》本，（臺北）商務印書館 1986 年版。

《東都事略》：（宋）王稱撰，影印文淵閣《四庫全書》本，（臺北）商務印書館 1986 年版。

《太平治蹟統類》：（宋）彭百川撰，影印文淵閣《四庫全書》本，（臺北）商務印書館 1986 年版。簡稱《治蹟統類》。

《慶王壙志》：寧夏博物館藏。

《明清歷科進士題名碑錄》：（清）李周望撰，據美國夏威夷大學藏清刻本影印，（臺北）華文書局 1969 年版。

《十六國春秋》：① 影印文淵閣《四庫全書》本，（臺北）商務印書館 1986 年版。

《元和郡縣圖志》：（唐）李吉甫撰，賀次君點校，中華書局 1983 年版。

《太平寰宇記》：（宋）樂史撰，王文楚等點校，中華書局 2007 年版。

《輿地廣記》：（宋）歐陽忞撰，李勇先、王小紅校注，四川大學出版社 2003 年版；影印文淵閣《四庫全書》本，（臺北）商務印書館 1986 年版。

《大明清類天文分野之書》：（明）劉基等撰，《續修四庫全書》據南京圖書館藏明刻本影印，上海古籍出版社 2002 年版。

---

① 《四庫全書總目》卷六六《史部·載記類·十六國春秋》提要曰："舊本題魏崔鴻撰，實則明嘉興屠喬孫、項琳之偽本也。"

《水經注校證》：（北魏）酈道元注，陳橋驛校證，中華書局 2007 年版。
《水經注集釋訂訛》：（清）沈炳撰，影印文淵閣《四庫全書》本，（臺北）商務印書館 1986 年版。
《唐六典》：（唐）李隆基撰，（唐）李林甫等注，陳仲夫點校，中華書局 1992 年版。
《通典》：（唐）杜佑撰，浙江古籍出版社 1988 年版。
《唐會要》：（宋）王溥撰，中華書局 1955 年版。
《五代會要》：（宋）王溥撰，影印文淵閣《四庫全書》本，（臺北）商務印書館 1986 年版。
《文獻通考》：（元）馬端臨撰，浙江古籍出版社 1988 年版。
《明會典》：（明）李東陽等修，影印文淵閣《四庫全書》本，（臺北）商務印書館 1986 年版。
《宋會要輯稿》：（清）徐松輯，中華書局 1957 年版。
《古今書刻》：（明）周弘祖撰，上海古籍出版社 2005 年版。
《徐氏紅雨樓書目》：（明）徐𤊹撰，古典文學出版社 1957 年版。
《徐興公家藏書目》：（明）徐𤊹撰，（日本）京都大學人文科學研究所藏。
《四庫全書總目》：（清）永瑢等撰，中華書局 1965 年版。
《千頃堂書目》：（清）黃虞稷撰，瞿鳳起、潘景鄭整理，上海古籍出版社 2007 年版。

（四）子部

《司馬法》：（春秋）司馬穰苴撰，駢宇騫等譯注，《武經七書》本，中華書局 2007 年版。
《容齋隨筆》：（宋）洪邁撰，孔凡禮點校，中華書局 2005 年版。
《東原錄》：（宋）龔鼎臣撰，《叢書集成初編》據《藝海珠塵》本排印，中華書局 1985 年版。
《新校正夢溪筆談》：（宋）沈括撰，胡道靜校注，中華書局 1957 年版。
《夢溪筆談》：（宋）沈括撰，金良年整理，上海書店出版社 2003 年版。
《東坡志林·仇池筆記》：（宋）蘇軾撰，華東師範大學古籍所點校，華東師範大學出版社 1983 年版。
《類說》：（宋）曾慥輯，《北京圖書館古籍珍本叢刊》據明天啟六年（1626）岳鍾秀刻本影印，書目文獻出版社 1988 年版。

《自警編》：（宋）趙善璙撰，影印文淵閣《四庫全書》本，（臺北）商務印書館1986年版。

《說郛》：（元）陶宗儀撰，上海古籍出版社1988年版。

《太平御覽》：（宋）李昉等撰，中華書局1985年版。

《册府元龜》：（宋）王欽若等撰，中華書局1960年版。

《事物紀原》：（宋）高承撰，（明）李果訂，《叢書集成初編》本，中華書局1985年版。

《玉海》：（宋）王應麟撰，江蘇古籍出版社、上海書店1987年版。

《天中記》：（明）陳文燿撰，影印文淵閣《四庫全書》本，（臺北）商務印書館1986年版。

《古今圖書集成》：（清）陳夢雷編纂，蔣廷錫校記，中華書局、巴蜀書社1985年版。

《唐國史補》：（唐）李肇撰，周光培等校勘，《筆記小說大觀》本，江蘇廣陵古籍刻印社1984年版。

《唐摭言》：（五代）王定保撰，影印文淵閣《四庫全書》本，（臺北）商務印書館1986年版。

《唐語林》：（宋）王讜撰，影印文淵閣《四庫全書》本，（臺北）商務印書館1986年版。

《涑水記聞》：（宋）司馬光撰，鄧廣銘、張希清點校，中華書局1989年版。

《桯史》：（宋）岳珂撰，吳企明點校，中華書局1981年版。

《太平廣記》：（宋）李昉等撰，中華書局1961年版。

《博物志校證》：（晉）張華撰，范寧校證，《古小說叢刊》本，中華書局1980年版。

《酉陽雜俎》：（唐）段成式撰，方南生點校，中華書局1981年版。

《釋氏稽古畧》：（元）釋覺岸撰，影印文淵閣《四庫全書》本，（臺北）商務印書館1986年版。

《老子校釋》：朱謙之撰，《新編諸子集成》本，中華書局1984年版。

（五）集部

《曹植集校注》：（魏）曹植撰，趙幼文校注，人民文學出版社1984年版。

《王右丞集箋注》：（唐）王維撰，（清）趙殿成箋注，上海古籍出版社

1984年版。

《杜詩詳注》：（唐）杜甫撰，（清）仇兆鰲注，中華書局1979年版。

《李遐叔文集》：（唐）李華撰，影印文淵閣《四庫全書》本，（臺北）商務印書館1986年版。

《皇甫冉詩集》：（唐）皇甫冉撰，《四部叢刊三集》影印常熟瞿氏鐵琴銅劍樓藏明刊本，商務印書館1936年版。

《權載之文集》：（唐）權德輿撰，《四部叢刊初編》影印清大興朱氏刊本，商務印書館1929年版。

《張籍詩集》：（唐）張籍撰，中華書局1960年版。

《韓愈全集校注》：（唐）韓愈撰，屈守元、常思春主編，四川大學出版社1996年版。

《長江集新校》：（唐）賈島撰，李嘉言新校，上海古籍出版社1983年版。

《范文正公集》：（宋）范仲淹撰，《四部叢刊初編》影印明覆元刻本，商務印書館1929年版。

《河南先生文集》：（宋）尹洙撰，《四部叢刊初編》景印春岑閣鈔本，商務印書館1929年版。

《净德集》：（宋）呂陶撰，影印文淵閣《四庫全書》本，（臺北）商務印書館1986年版。

《王荊公唐百家詩選》：（宋）王安石撰，黃永年、陳楓校點，《新世紀萬有文庫》第四輯，遼寧教育出版社2000年版。

《畫墁集》：（宋）張舜民撰，《叢書集成初編》據《知不足齋叢書》本排印，中華書局1985年版。

《道園學古錄》：（元）虞集撰，《四部叢刊初編》影印明景泰覆元小字本，商務印書館1929年版。

《玩齋集》：（元）貢泰父撰，影印文淵閣《四庫全書》本，（臺北）商務印書館1986年版。

《才調集》：（五代）韋縠撰，影印文淵閣《四庫全書》本，（臺北）商務印書館1986年版。

《文苑英華》：（宋）李昉等編，中華書局1966年版。

《唐文粹》：（宋）姚鉉輯，《四部叢刊初編》影印元翻宋小字本，商務印書館1929年版。

《宋文鑒》：（宋）呂祖謙撰，齊治平點校，中華書局1992年版。

《崇古文訣》：（宋）樓昉編，影印文淵閣《四庫全書》本，（臺北）商務印書館1986年版。

《唐詩鼓吹》：（金）元好問編選，影印文淵閣《四庫全書》本，（臺北）商務印書館1986年版。

《唐詩品彙》：（明）高棅編選，影印明朝汪宗尼校訂本，上海古籍出版社1982年版；影印文淵閣《四庫全書》本，（臺北）商務印書館1986年版。

《全唐詩》：（清）彭定求等編，中華書局1960年版。

《唐詩紀事》：（宋）計有功編，影印文淵閣《四庫全書》本，（臺北）商務印書館1986年版。

二　現當代文獻

（一）著作

《隴右方志錄》：張維編，《中國西北文獻叢書》據北平大北印刷局1934年版影印，蘭州古籍書店1990年版。

《寧夏方志述略》：高樹榆等編著，吉林省圖書館學會1985年內部發行。

《中國地方志聯合目錄》：中國科學院北京天文臺編，中華書局1985年版。

《中國地方志總目提要》：金恩暉、胡述兆編，（臺北）漢美圖書有限公司1996年版。

《甘肅省圖書館藏地方志目錄》：甘肅省圖書館編，蘭州大學出版社1996年版。

《明代文物和長城》：鍾侃撰，寧夏人民出版社1980年版。

《西夏陵墓出土殘碑粹編》：李範文著，文物出版社1984年版。

《〈明實錄〉寧夏資料輯錄》：楊新才、吳忠禮主編，寧夏人民出版社1988年版。

《西夏佛教史略》：史金波著，寧夏人民出版社1988年版。

《明清進士題名碑錄索引》：朱保炯、謝沛霖，上海古籍出版社1989年版。

《寧夏歷史地理考》：魯人勇等編著，寧夏人民出版社1993年版。

《寧夏歷史人物研究文集》：胡迅雷著，寧夏人民出版社1993年版。

《西夏戰史》：王天順主編，寧夏人民出版社1993年版。
《貞觀玉鏡將研究》：陳炳應著，寧夏人民出版社1995年版。
《宋夏關係史》：李華瑞著，河北人民出版社1998年版。
《中國方志文獻彙編》：中國地方志指導小組辦公室選編，方志出版社1999年版。
《寧夏出版志》（徵求意見稿）：寧夏人民出版社2000年5月內部發行。
《西夏軍事制度研究》：胡若飛著，內蒙古大學出版社2003年版。
《二十世紀西夏學》：杜建錄主編，寧夏人民出版社2004年版。
《傳統典籍中漢文西夏文獻研究》：胡玉冰著，中國社會科學出版社2007年版。
《寧夏歷代碑刻集》：銀川美術館編，寧夏人民出版社2007年版。
《寧夏歷史地理變遷》：吳忠禮、魯人勇、吳曉紅著，寧夏人民出版社2008年版。
《方志與寧夏》：范宗興等著，寧夏人民出版社2008年版。
《中國地方志流播日本研究》：巴兆祥著，上海人民出版社2008年版。
《大明慶靖王朱㮵》：白述禮著，寧夏人民出版社2008年版。
《寧夏地方志研究》：胡玉冰著，中國社會科學出版社2012年版。

（二）論文

《〈嘉靖寧夏新志〉中的兩篇西夏佚文》：牛達生撰，《寧夏大學學報》1980年第4期。
《寧夏同心縣出土明慶王壙志》：牛達生撰，《考古與文物》1981年第4期。
《〈慶王壙志〉與朱棣"靖難之變"》：牛達生撰，《人文雜誌》1981年第6期。
《明太祖皇子朱㮵的名次問題》：任昉撰，《中原文物》1986年第4期。
《明代王陵區出土三盒墓志疏證》：許成、吳峰雲撰，《寧夏文史》1987年第4期。
《朱㮵與寧夏》：胡迅雷撰，載《寧夏歷史人物研究文集》，寧夏人民出版社1993年版。
《〈宣德寧夏志〉名稱考辨——兼說宣德〈寧夏志〉之重要價值及古靈州州址》：陳永中撰，《西北史地》1994年第1期。

《為（正統）〈寧夏志〉正名》：高樹榆撰，《寧夏史志研究》1994年第2期。

《日本藏孤本明〈寧夏志〉考評》（上）：吳忠禮撰，《寧夏社會科學》1995年第6期。

《日本藏孤本明〈寧夏志〉考評》（下）：吳忠禮撰，《寧夏社會科學》1996年第1期。

《一部研究寧夏史地的力作——評吳忠禮〈寧夏志箋證〉》：徐莊撰，《寧夏社會科學》1997年第2期。

《西夏紀年綜考》：李華瑞撰，《國家圖書館學刊》2002年增刊《西夏研究專號》。

《內蒙古烏審旗發現的五代至北宋夏州拓拔部李氏家族墓志銘考釋》：鄧輝、白慶元撰，《唐研究》2002年第8卷，北京大學出版社2002年版。

《國立故宮博物院圖書文獻處藏清代輿圖的初步整理與認識》：李孝聰撰，《故宮學術季刊》2007年第1期。

《朱栴與〈寧夏志〉》：薛正昌撰，《寧夏文史》第23輯，2007年版。

《徐燉著述編年考證》：陳慶元撰，《文獻》2007年第4期。

《朱栴及其（宣德）〈寧夏志〉》：白述禮撰，寧夏文史館編《寧夏文史》第24輯，2008年版。

《解讀朱栴〈西夏八景〉詩》：杜桂林撰，寧夏文史館編《寧夏文史》第24輯，2008年版。

《日本國立國會圖書館藏〈寧夏志〉考略》：胡玉冰撰，《史學史研究》2009年第4期。

《夏初三朝元老劉仁勖》：牛達生撰，《西夏研究》2010年第2期。

《承天寺西夏斷（殘）碑新證》：趙濤撰，《寧夏社會科學》2010年第5期。

《慶王朱栴為何坐鎮寧夏》、《"朱栴"不宜寫作"朱㫋"》：張樹彬撰，《寧夏地方文化探微》，中國文化出版社2010年版。

《西夏六號陵陵主考》：孫昌盛撰，《西夏研究》2012年第3期。